BLAS Y BRYNIAU
Hunangofiant
Dafydd Edwards

Blas y Bryniau

Hunangofiant Dafydd Edwards

Golygydd cynorthwyol:
Lyn Ebenezer

Argraffiad cyntaf: 2015

ⓗDafydd Edwards / Gwasg Carreg Gwalch

Cyhoeddir gan Wasg Carreg Gwalch,
12 Iard yr Orsaf, Llanrwst, Conwy, LL26 0EH.
Ffôn: 01492 642031 Ffacs: 01492 641502
e-bost: llyfrau@carreg-gwalch.com
lle ar y we: www.carreg-gwalch.com

Rhif rhyngwladol: 978-1-84527-433-7

Mae'r cyhoeddwr yn cydnabod cefnogaeth ariannol
Cyngor Llyfrau Cymru

Cynllun clawr: Eleri Owen

Am unawd ac emynau – neu faled
Felys o'r hen ddyddiau,
Neu roi tôn gyda'r tannau,
Dyma y dyn, does dim dau.

Dic Jones 1976

*Dafydd a Daniel Evans, dau ewythr a ymfudodd i'r Sowth cyn dod
yn ôl i'r henfro i brynu eiddo*

*Mam-gu a Tad-cu, a Nhad yn grwt bach gyda'r forwyn a'r gwas
mawr ar glos Croeswyntoedd Fawr*

1

Lloches rhag y storm

Petawn i'n gorfod disgrifio'r tirwedd o gwmpas fy nghartref ym Mhlas-y-Bryniau, fe ddywedwn mai ei brif nodwedd yw ei wastadedd agored. Er ei fod mewn ardal fryniog ym mherfeddion Sir Aberteifi, mae'r tir rhwng y Mynydd Bach a Thrichrug uwchlaw Dyffryn Aeron yn agored i'r elfennau.

Yn wir, fe fyddai'n tir ni'n llawer mwy agored oni bai am weledigaeth Nhad a'i gyndadau a blannodd gannoedd o goed ffawydd tal i nodi ffiniau ac i greu cysgodfeydd. Mae presenoldeb y coed hyn yn un o nodweddion yr ardal ac mae rhai ohonyn nhw'n mynd yn ôl ymron bedair cenhedlaeth bellach. A hoffaf feddwl i finne wneud fy rhan. Dymuniad olaf Nhad i fi ar ei wely angau oedd:

'Dafydd, cer ati i blannu mwy o goed. Rwyt ti'n ddigon ifanc i elwa ohonyn nhw cyn i ti drosglwyddo'r lle i fynd i bwy bynnag ddaw ar dy ôl di.'

Ac fe wnes i hynny.

Maen nhw yma o hyd yn warchodwyr tal, coed a blannwyd gan fy hen Dad-cu, Tad-cu a'i frodyr a Nhad, a finne ar eu hôl nhw. Mae rhai o'r coed a blennais i bellach yn hanner cant oed. Ydyn, maen nhw'n dal i sefyll, eu gwreiddiau wedi angori'n ddwfn yn y tir gan herio pob storm a sefyll fel amddiffynwyr cadarn rhyngom â'r gwyntoedd. Maen nhw hefyd yn dystiolaeth weledol gadarn o olyniaeth ac o barhad.

Ganwyd fi yng Nghroeswyntoedd Fawr, sydd ond rhyw dri lled cae o le dwi'n byw nawr ym Mhlas-y-Bryniau. A do, fe brofais fwy na'm siâr o wyntoedd croesion, rheiny'n stormydd naturiol, ac eraill yn stormydd bywyd. Ond yn y

7

Llun ffurfiol o Nhad ac Anti Pol   *Yn faban bach, un o'r lluniau*
cyntaf ohona'i, mae'n rhaid

ddau achos cefais warchodfeydd yma rhag strem y storom. Mae eu gwreiddiau'n fy nghlymu wrth fy hynafiaid, er i rai o'r rheiny grwydro ymhell.

Cofiwch, bu blynyddoedd fy mhlentyndod yn fwy o awelon ysgafn nag o wyntoedd. Yng nghysgod y ffawydd ar ffarm Croeswyntoedd Fawr y ganwyd fi a'm dwy chwaer, Margaret ac Eluned. Ganwyd y tri ohonon ni o fewn llai na phedair blynedd i'n gilydd. Dim rhyfedd i'r triawd ohonon ni felly fod yn agos iawn erioed o ran ein perthynas â'n gilydd hefyd, fi yr hynaf, wedyn Margaret ac yna Luned. Fe fu yna lawer o ddrygioni a thynnu coes rhyngon ni, yn enwedig lle'r o'n i yn y cwestiwn. Ond fel arall, ry'n ni wedi bod yn gyfeillion clos erioed. Mae'r tri ohonon ni'n dal o fewn cyrraedd i'n gilydd.

Mae Eluned a'i gŵr Dai wedi ymddeol o fferm Abernac, Lledrod gan ymgartrefu yn Rhos-y-garth ger Llanilar. Meirion eu mab a'i deulu sydd bellach yn ffermio Abernac.

Fi a Nhad yn aredig pan o'n i tua naw oed

Mae Margaret yn byw yn Aberarth, wedi colli ei gŵr yn greulon o sydyn ac yn llawer rhy ifanc yn 61 oed.

Mae enw'r ffarm lle'm ganwyd yn ddiddorol ynddo'i hunan. Enw'r lle ar lafar gwlad oedd 'Crosswinter'. Ein teulu ni wnaeth adfer yr hen enw gwreiddiol. Beth ond Croeswyntoedd fedrai'r enw fod cyn y llygriad? Gerllaw mae yna ffarm arall lai o faint, sef Croeswyntoedd Fach.

Mae'r geiriau 'mawr' a 'bach', mi gredaf yn cyfeirio at y ffaith fod un yn ehangach na'r llall yn hytrach na chyfeirio at raddfa cryfder y gwynt.

Roedden ni'n deulu o chwech ar aelwyd Croeswyntoedd Fawr. Yn ogystal â ni'r plant a'n rhieni roedd Tad-cu, sef Dafydd, tad Nhad, yn byw gyda ni. Roedd Mam-gu wedi marw cyn i fi gael fy ngeni. Roedd Tad-cu'n aelod o deulu Brynele. Ac ym Mrynele mae cartref

Nhad gyda chobyn a enillodd wobrau lawer (reserve champion yn Sioe Frenhinol Caernarfon)

Fy nwy chwaer, Mags a Luned,
y tri ohonom yn dal i fyw o fewn cyrraedd

daearyddol ac ysbrydol yr Edwardsiaid yn y fro. Yno yr ymsefydlodd ein cangen ni o'r teulu, gydag amryw ohonyn nhw'n ddiweddarach wedi ymfudo i America i chwilio am fywyd gwell.

Saif Brynele ar gyrion Bwlch-llan, ffarm a fu unwaith yn rhan o stad y Gelli, Tal-sarn. Yn y Gelli y treuliodd Dylan Thomas a'i wraig Caitlin gyfnodau adeg yr Ail Ryfel Byd. Enwyd eu merch, Aeronwy ar ôl yr afon Aeron, sy'n cordeddu fel gwythïen drwy'r dyffryn o'r Mynydd Bach i'r môr yn Aberaeron.

Mae Dyffryn Aeron yn frith o olion yr hen stadau mawr, y ffermydd wedi bod unwaith yn rhan o eiddo Ystrad Fflur ac yna'n diriogaethau hen deuluoedd Abermeurig a Llanllŷr, Llannerch-aeron a'r Brynog, Tyglyn Aeron a Thyglyn Isaf, Tŷ Mawr a'r Mynachdy. A dyna oedd hanes y ffermydd a ddaeth yn eiddo i ddwy ochr ein teulu ni. Eiddo i hen stad Y Fronfraith, sef y teulu Bonsall a oedd yn byw

Criw'r ysgol fach yn nyddiau Nhad

i'r gogledd o Aberystwyth, oedd Croeswyntoedd, yn Fawr a Bach. Daeth y stad ynghyd â nifer o dai a ffermydd yn eiddo i deulu Bonsall yn 1784. Arwyddair y teulu oedd, 'Gorau ach y Goruchaf'.

Ddiwedd y bedwaredd ganrif ar bymtheg gwerthwyd llawer o eiddo'r hen stadau hyn, a dyna sut y daeth y ddau Groeswyntoedd i'n teulu ni. Fe'u prynwyd gan Tad-cu adeg datgymalu'r stadau hyn. Pan brynodd e Groeswyntoedd roedd yno felin a enwyd yn Felin Giachod. Fe'i codwyd tua chanol y deunawfed ganrif a bu Tad-cu'n felinydd am gyfnod. Mae olion y meini a'r cogs i'w gweld yno o hyd.

Yn y ddeunawfed ganrif roedd Daniel Edwards, hen, hen, hen, hen, hen dad-cu i fi yn byw ym Mrynele. Mae yna draddodiad llafar i'r teulu ddod lawr 'o'r gogledd rhywle', pan oedd Daniel yn borthmon. Mae yna sawl poced o'r Edwardsiaid yng ngogledd Cymru ond hyd yn hyn dydw'i ddim wedi canfod o ba ardal y daethai Daniel. Y tebygolrwydd yw na wna'i ddod i wybod bellach, yn anffodus.

Fy hen fam-gu, Ann Evans

Rhys y Talwrn, fy hen dad-cu

Yn dilyn Daniel ym Mrynele roedd mab iddo, sef Nathaniel a'i wraig Mary. O'u teulu mawr nhw, fe enciliodd pedwar o'r meibion ynghyd â'u teuluoedd i'r America fel rhan o'r ymfudo mawr o Geredigion yn nhri degau'r bedwaredd ganrif ar bymtheg. Ac yn dilyn marwolaeth pumed mab, fe adawodd ei weddw yntau hefyd gyda'i phlant o Groeswyntoedd am Ohio i ymuno â'r aelodau o'r teulu oedd yno eisoes. Yn 1865 oedd hynny, yr un flwyddyn ag y glaniodd y Cymry cyntaf ym Mhatagonia.

Fe arhosodd un brawd, Edward fodd bynnag ac fe fu'n ffermio ym Mrynele ar ôl dyddiau'i rieni, Nathaniel a Mary. Yn ogystal â'r brodyr roedd dwy ferch yn y teulu sef Margaret a Mary. Wedi priodi, bu Margaret yn byw yn Hafod Hir. Cafodd oes faith a bu farw yn 98 oed a'i chladdu ym mynwent Bethania. Roedd Mary'n byw yn Hafod-y-gors ac fe'i claddwyd gyda'r teulu ym mynwent Nantcwnlle ym Mwlchllan. Roedd gan un o'i meibion 21 o blant. Gan nad oedd gan Edward fab i'w olynu

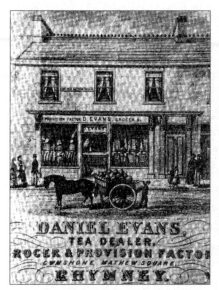

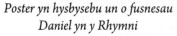

Poster yn hysbysebu un o fusnesau Daniel yn y Rhymni	*Tom Edwards, Y Talwrn, un o dri brawd*

ym Mrynele, fy hen, hen Dad-cu, Dafydd â'i dilynodd yno.
Ac yno y bu farw yn 1902.

Un o'r brodyr a ymfudodd i Ohio oedd fy hen, hen, hen
dad-cu, Rhys Edwards. Bu farw yn 1845 a'i gladdu yn Oak
Hill, Ohio. Mab iddo oedd y Dafydd y soniais amdano.
Mab hynaf Dafydd oedd Rhys Edwards, Y Talwrn, fy hen
dad-cu. Ei fab hynaf ef oedd Dafydd Edwards,
Croeswyntoedd, fy nhad-cu. Rhys oedd enw nhad, a dyma
finne yn Ddafydd unwaith eto. Yn wir, fe ges i'r ddau enw,
Dafydd Rhys er mai David Rees sydd ar fy nhystysgrif geni.
Fe sylwch felly fod yr enwau Rhys a Dafydd yn digwydd
bob yn ail genhedlaeth. Pan anwyd Menna, fy merch hynaf
fe'i henwyd hi'n Menna Rhys. Mae hi a'r plant, ŵyr ac
wyres yn byw yng Nghroeswyntoedd nawr. Ac ie, Rhys yw
enw'r ŵyr.

Mae'n amlwg i ni fod y teulu yn bobol fentrus. Mae yna

sôn am Dafydd Brynele, fy hen, hen Dad-cu'n mynd ati i
godi gwarclawdd o gwmpas rhan o'r tir comin. Roedd ef a'r
meibion a'r gweision, gydag aradr a chaib a rhaw wedi
ymestyn y ffarm i tua thri chan erw. Ond fe ddechreuodd
problemau godi. Fe wnaethon nhw sylwi fod y gwaith
fydden nhw wedi ei wneud y diwrnod cynt wedi ei chwalu
erbyn bore trannoeth. Yn amlwg, roedd yna rhyw ddrwg ar
waith.

Fe aeth hyn ymlaen am rai wythnosau yn achlysurol.
Ond un noson fe arhosodd Dafydd ar ôl wedi i'r meibion
a'r gweision adael gan guddio'i hunan. Roedd e'n ddyn
cyhyrog, cadarn a fedrai edrych ar ôl ei hunan. Ymlaen yn
ystod oriau mân y bore fe welodd rywun yn cario caib ac
yn dechre cloddio a chwalu'r clawdd. Fe wynebodd e'r dyn
ac fe aeth yn gythrwfl. Un o'i gymdogion oedd yno, ac o
ganlyniad i'r ymladd fe fu hwnnw yn ei wely am sbel.

Fe aeth y digwyddiad yn achos cyfreithiol yn y Llys Sirol
yn Nhregaron a dyfarniad y llys oedd 'Euog'. Cyhoeddwyd:
'Dafydd Edwards, Brynele in the parish of Nantcwnlle
fined one shilling for assault'.

Fe gododd Dafydd a cherdded draw at ddesg y Clerc a
mynd i'w boced. Fe dynnodd allan ddau ddarn swllt gloyw
a'u cynnig i'r Clerc. Fe eglurodd hwnnw mai swllt oedd y
ddirwy, nid dau swllt. Pam felly oedd ef am dalu dau swllt?

'Fe wnes i ddeall yn iawn beth ddywedwyd,' medde fe.
'Ond rwy'n talu dau swllt, sef swllt am y ddirwy a swllt
ymlaen llaw gan fy mod i'n bwriadu rhoi un arall iddo fe ar
y ffordd adre.'

Oedd, roedd Dafydd Edwards yn ddyn a hanner. Roedd
e'n ddyn balch iawn, llawn urddas a hunan-barch. Wnâi e
byth dderbyn cardod o unrhyw fath. Mae gen i doriad
papur newydd sy'n adlewyrchu hynny. Yn ystod gwanwyn
1896 fe wnaeth George Newnes, golygydd y cylchgrawn
Tit-Bits gynnig gwobr i bwy bynnag oedd â'r aelodaeth

hiraf o'r Clwb Budd-daliadau, neu'r 'Benefit Club', heb hawlio unrhyw arian o'r gronfa ar gownt salwch. Enwyd dau, a oedd o leiaf hanner canrif o flaen pawb arall, dau aelod o Glwb Daniel Rowlands, Llangeitho, a'r ddau o blwyf Nantcwnlle. Am 69 mlynedd doedd yr un o'r ddau, a oedd yn 87 mlwydd oed, heb hawlio'r un ddimai goch o'r gronfa. Y ddau dan sylw oedd William Jones, Brechfa Fach a Dafydd Edwards, Brynele.

Roedd hyn yn nodweddiadol o'r teulu. Gwrthododd fy nhad-cu dderbyn budd-dâl, a gwrthododd Nhad, ar ei ôl dderbyn dimai o bensiwn nes oedd e'n 70 oed. Roedd gormod o gywilydd arno dderbyn budd-dal o unrhyw fath er ei fod e'n ei deilyngu bum mlynedd yn gynharach. Teimlai y byddai derbyn pensiwn cyn ei ddeg a thrigain yn sarhad arno ef ac ar y fro.

Rhyw un ar bymtheg oed oeddwn i pan symudon ni fel teulu yr hanner milltir fyny'r rhiw o Groeswyntoedd i Blas-y-Bryniau, lle'r wy'n byw o hyd. Nid un diwrnod o symud gafwyd. Am nad oedd pwysau arnom i fynd, fe gymerodd wythnosau lawer. A ninnau'n ôl ac ymlaen rhwng y ddwy ffarm, rwy'n cofio Mam, rhag ofn y gwnâi rhywun alw yng Nghroeswyntoedd a ninnau lan ym Mhlas-y-Bryniau, yn gosod nodyn ar y drws yn eu cyfarwyddo gyda'r neges, 'Call at next farm above'.

Y cyntaf i ddigwydd galw oedd Dan Williams, brawd Dai Williams, arweinydd parti llwyfan Adar Tregaron ac athro yn yr ysgol uwchradd yno. Roedd Dan yn gwerthu nwyddau amaethyddol ac yn galw o dro i dro. Pan ddarllenodd y neges ar y drws, fe drodd ei olygon tua'r nefoedd a meddwl wrtho'i hun ein bod ni oll wedi gadael y fuchedd hon!

Yr enw gwreiddiol ar Blas-y-Bryniau oedd Comon Fynydd Fach. Roedd yna ddau Gomon Fynydd arall, Comon Fynydd Fawr oedd un, ac yno y saif postyn yn nodi

Tri mab Y Talwrn, Tom,
Reese a Tad-cu

man cyfarfod tri phlwyf, Nantcwnlle, Llanbadarn Trefeglwys a Threfilan. A'r ail oedd Comon Fynydd fu'n gartref i fy hen fam-gu, Anne Evans (Edwards ar ôl priodi). Roedd y tri lle, fe dybiwn i, yn dai unnos yn wreiddiol ond wedi dod yn rhan o Blas-y-Bryniau. Felly hefyd dyddyn Y Cwm, a ddaeth yn eiddo i fy hen dad-cu, Rhys Edwards, Y Talwrn.

Yn y Cwm ar un adeg trigai cymeriad a gâi ei alw'n Wil Sgadan. Roedd gan Wil gart a cheffyl. Fe âi lawr i Aberaeron i gasglu sgadan a dod â nhw adre, lle bydde Sara'r wraig yn eu golchi nhw yn Ffynnon Rinweddau gerllaw. Yna fe âi o gwmpas y pentrefi cyfagos yn gwerthu'r sgadan ac yn gweiddi:

Sgadan glân o Gwm Bethania,
Dou lygad ac un bola,
Ferched glân, dowch ymlân,
Ma Sara ni wedi'u golchi nhw'n lân!'

Fe fydde pobol yn tyrru ato fe o bobman. Ac ar ôl dyddiau Wil, fe brynwyd y Cwm gan fy hen Dad-cu.

Fel yr Edwardsiaid, ymfudo wnaeth llawer o Evansiaid ochr fy mam-gu, Anne, a hynny i gymoedd diwydiannol y de i Ferthyr Tydfil, Cefncoed y Cymer a'r Rhymni i gadw siopau groser a gwerthu cig. Roedd y cymoedd bryd hynny yn frith o ddiwydiannau, a hynny'n denu mewnlifiad aruthrol o gefn gwlad Cymru a thu hwnt. Golygai hynny alw cynyddol am gyflenwadau o fwyd i boblogaeth a oedd yn tyfu'n gyflym. Rhwng Cyfrifiadau 1801 ac 1841 cynyddodd poblogaeth y Rhymni o 618 i 22,413.

Cyflenwid cig i'r brodyr hyn gan eu brawd yng nghyfraith, sef fy hen dad-cu, Rhys Edwards Y Talwrn. Roedd y meibion, Tom a Reese yn byw gyda'u rhieni, ynghyd â Jane y ferch. Roedd y mab hynaf, sef fy nhad-cu wedi priodi ac yn byw yng Nghroeswyntoedd, nad oedd ond

Anti Pol yn gwneud ei rhan adeg y rhyfel

dau led cae i ffwrdd ar draws afon Arth. Tom fyddai amlaf gyda'i dad yn prynu creaduriaid o'r ardal hon. Fe gaent wedyn eu hebrwng lawr i Ferthyr a'r Rhymni. Fe ai'r tad a'r mab â cheffyl a chart gyda nhw i gario nwyddau fel caws a menyn. Weithiau byddai'r cart yn ddefnyddiol i gario dafad sâl. Wrth reswm, aent â dau neu dri ci defaid gyda nhw.

Roedd sicrhau cŵn da yn holl bwysig. Clywais Tad-cu a Nhad yn sôn am un tro yn arbennig. Wedi cyrraedd Merthyr a stablo'r ceffylau a chlymu'r cŵn dros nos, aeth y ddau gariwr i'w gwely. Y tro hwn roedd ganddyn nhw gi ifanc ar ei daith gyntaf. Pan godod Tom a'i dad fore trannoeth roedd y ci ifanc wedi llwyddo i ryddhau ei hun a dianc. Doedd dim golwg ohono. Rhaid fu troi am adref hebddo. Bythefnos wedi cyrraedd adre, dyma'r ci colledig yn cyrraedd y clos yn ddiogel. Roedd e wedi ffeindio'i ffordd adre.

Un o gymeriadau mwyaf y teulu, Jâms Evans

Gyda Tom a'i dad weithiau ai Dafydd, brawd fy hen dad-cu (un arall eto fyth). Yn hytrach na dod adre â'r gart yn wag dyma ddechrau dod nôl â llwyth o galch. Wrth ddringo mas o Gefncoed y Cymer fe welwch o hyd, ar y llaw dde, olion yr hen odyn galch. Ymhen amser, o deimlo fod y calch yn rhy ddrud, llwyddwyd i daro bargen â'r perchennog a phrynwyd yr odyn. Yn sgil y teithiau mynych hyn i'r Cefn, prynodd Tom amryw o dai yno. Bu ef ei hun yn byw yno am gyfnod.

Rhaid adrodd stori a glywais am deulu'r Talwrn. Un hydref, 'a'r nos yn barrugo a'r dydd yn byrhau', byddai'r brodyr yn aml yn trafod hanesion a busnes y dydd. Cododd amheuon fod rhywun yn clustfeinio arnyn nhw'n slei bach y tu allan i'r ffenest. Un noson fe guddiodd un o'r brodyr yn y sied wair i gadw golwg ar bethe. Ac yn wir, gwelwyd y clustfeiniwr ac fe'i hadnabuwyd. Yn hytrach na'i herio, penderfynwyd anfon iddo bresant Nadolig sef pâr o badiau pen-glin, neu 'knee-caps' i'w gwneud hi'n esmwythach iddo benlinio. Welson nhw byth mo'r clustfeiniwr wedyn.

Llwyddodd brodyr fy hen fam-gu gyda'u busnesau yn y de, yn arbennig fy ewyrth Dafydd, sef David Walter Evans gymaint fel iddo brynu ffrem Hafod Hir yn 1890 oddi wrth Iarll Lisburne. Roedd y lle yn ymron 500 erw. Teimlodd ei bod hi'n rhy fawr fel uned. Rhannodd hi felly yn ddwy gan greu, o bobtu'r ffordd, Hafod Hir Isaf a Hafod Hir Uchaf. Fe gododd dŷ ffarm newydd ar y naill ac un arall ac adeiladau newydd ar y llall. Adeiladodd yn ogystal dŷ newydd ger Comon Fynydd ar gyfer ei frawd James. Medrai godi tŷ am tua £500 bryd hynny. A James wnaeth fedyddio'r tŷ newydd yn Blas-y-Bryniau.

Roedd y brawd hwnnw, James neu Jâms wedi bod yn ofalwr carchar yn y Sowth ac yn blismon yn Llunden ond fe ddaeth nôl yma fel gwaddotwr a lladdwr moch. Ceir nifer o gyfeiriadau ato yng nghyfrol Ben A. Jones, *Y Byd o Ben Trichrug* a gyhoeddwyd yn 1959. Roedd Jâms yn leicio'i beint ac fe âi'n aml lawr i Dal-sarn i'r Red Leion ar ei feic 'Boneshaker' trwm oedd â theiers solet. Un tro, ac yntau'n rhuthro lawr ar hyd Rhiw Tal-sarn, lle mae tŷ o'r enw Eden ar y tro, fe fethodd â stopio. Yn ffodus roedd drws ffrynt y tŷ yn agored. Fe aeth ef a'r beic drwy'r drws ffrynt ac fe landiodd hanner ffordd i fyny'r stâr. Ar ôl dod ato'i hun, gofynnodd gwraig y tŷ iddo a oedd e'n iawn. Ei ateb oedd:

Yn Eden, cofiaf hynny byth!

ac allan ag ef gyda'i feic gan ymddiheuro'n ddwys. Ceir stori amdano wedyn yn cerdded mochyn i Gilcennin ond fe aeth y mochyn ar streic gan wrthod symud. Penderfynodd Jâms ei adael yno a mynd i'r dafarn agosaf am beint. Pan ddychwelodd roedd y mochyn wedi marw. Cofnodwyd y digwyddiad mewn rhigwm gan Deina Tŷ-rhos. Fel hyn aeth rhan o'r pennill:

I'r pentref draw bwriadent fynd,
Y dyn a'r mochyn fel dau ffrind,
Ond tua'r dafarn aeth y cnaf
'N lle ymgeleddu'r mochyn claf ...
Pan ddaeth ei gyfaill nôl i'w gwrdd
Roedd bywyd wedi hedeg ffwrdd.

19

Yn hytrach na digio, fe fydde Jâms yn adrodd y rhigwm gyda blas. Mae Ben A. Jones yn sôn am arferiad y werin leol o foesymgrymu i fyddigion y plasau mawr ac fel y byddai pawb yn gwneud hynny i ddeiliad Tŷ Mawr, Mrs. Rudman. Ond saliwtio gwragedd y werin wnâi Jâms. Dyma beth ddywed yr awdur:

Ni chwarddai neb am ei ben ef, oherwydd fe wyddai pawb na chai hynny ddim mwy o effaith arno na dŵr ar gefn hwyad. Nid bron gyffwrdd â'i het a wnâi ef, ond ei chodi i'r awyr ac ymgrymu'n foesgar yr un pryd, ac os mai'r bore a fyddai fe ddywedai, â llonder yn ei lais, "Top of the blessed morning to you madam." Yr oedd yn berfformiad ysgubol, rhaid dweud.

Mae cyfarchiadau f'Ewyrth Jâms yn fy atgoffa am yr adeg honno pan oeddwn i allan yn Iwerddon gyda chriw ym Mhencampwriaeth Aredig y Byd, ac yn aros mewn gwesty yn Nulyn. Ro'n i mewn hwyliau da, a phan ddaeth y weinyddes ifanc draw atom fe'i cyfarchais,

'Top of the blessed morning to you, ma'am!'
Mewn chwinciad dyma hi'n ateb,
'And the rest of the day to you, sir!'
Hyfryd, ynte?
Dywediad arall a geid ganddo wrth gyfarch rhywun yn gynnes fyddai 'Fy neryn gwyn i!' Disgrifir ef o ran pryd a gwedd gan Ben A. Jones fel hyn:

Dyn tal, cyhyrog, ydoedd, o bryd golau, yn gwisgo het galed ddu, sgwâr, cot ddu â chwt, coler seliwloid gwyn am ei wddf a *cuffs* o'r un defnydd yn dynn am ei arddyrnau, sanau llwyd wedi eu tynnu i fyny dros ei drowsus at ei benliniau, a phâr o sgidiau trymion am ei draed. Fe roddai ei wyneb, mi dybiwn, fodlonrwydd llwyr i gerflunydd, pob llinell yn glir, pob nodwedd yn amlwg. Â'i fwstash melyngoch, taclus, a thusw o'r un lliw dan ei wefus isaf, yr oedd golwg foneddigaidd arno er gwaethaf ei wisg od.

Oedd, roedd Jâms yn gymeriad. Ambell i ddydd Sul fe fydde fe'n mynd fyny i'r cwar ar y banc lle bydde fe'n torri gwallt rhai o'r cymdogion. Fe âi ati wedyn i draddodi pregeth fel petai ef yn y pulpud, ei lais yn cario ar yr awel. Yn yr haf fe âi lawr i'r Sowth ar ei wyliau at y perthnasau, weithiau am bythefnos ar y tro. Cyn mynd fe adawai fwcedaid o ddŵr a thaflu pwn o lafur i'r ffowls ar Fron Geiliog, lle bydde fe'n cadw dofednod a dweud wrthyn nhw:

'Dyna chi, fe fyddwch chi'n iawn nawr nes doi nôl.'

Ond un tro fe ddychwelodd yn hwyrach nag y bwriadodd a chanfod yr ieir i gyd, ar wahân i'r ceiliog, wedi trengu. Prin fedru canu oedd y ceiliog cryglyd, ond mynnai Jim mai cân yr aderyn oedd:

Mae nghyfeillion wedi myned
Ar eu taith o un i un
Gan fy ngadael yn amddifad
Fel pererin wrthyf f'hun.

Roedd e'n ddyn dyfeisgar ac yn un o flaen ei amser. Yma ym Mhlas-y-Bryniau ar y banc uwchlaw, fe gododd rod wynt wedi ei chynllunio ganddo fe'i hunan ar gyfer gwaith fel malu a tsiaffo. Fe gynlluniodd hefyd ddrws sleid. Doedd dim sôn am y fath ddrysau cyn hynny. Yn wir, fe gymerodd ddeng mlynedd cyn i'r fath ddrws ddod yn gyffredin. Fe fu hwnnw yma am sbel. Fe fydde fe'n cadw geifr wedyn gan wylltio Nhad-cu a Nhad. Fydde fe ddim yn ffenso, a'r geifr wedyn yn bwyta coed ifainc oedd newydd eu plannu. Yn ei

afiechyd olaf, pan dorrodd y meddyg wrtho'r newydd drwg
nad oedd ganddo fawr o amser ar ôl, ei ymateb oedd:
'Well, Doctor, I'm off to Tipperary.'

Ei ddymuniad olaf oedd cael ei gludo i'r fynwent yn ei
arch yng nghert a cheffyl Tad-cu Croeswyntoedd. Doedd e
ddim eisie ffrils na ffws o gwbwl. Ac fe gafodd ei
ddymuniad.

Rwy'n cofio Elin Lloyd, mam Ifan ac Ifor, yn dweud ei
bod hi'n cofio Jâms Ifans yn galw gyda nhw ym
Mhentrefelin pan oedd hi'n ifanc. Disgrifiodd ef fel 'gŵr
bonheddig o'i gorun i'w sawdl.'

Yn y Sarnauduon, yr ochr draw i'r cwm – eto yn ffinio â
Phlas-y-Bryniau – oedd gwreiddiau Mam, Katie Eluned.
Roedd hi'n un o ddeg o blant i Dafydd a Marged Jones,
wyth merch a dau fab. Bu'r tad yn gweithio yng nglofa'r
Tymbl tra bo'r fam, sef Mam-gu, adre'n gofalu am y teulu
a'r tyddyn. Bu farw Tad-cu yn gymharol ifanc, yn ei bum
degau o effaith llwch y glo. Yn ddiweddarach symudodd
Mam-gu o Sarnauduon gan orffen ei hoes yn y Banc Bach,
Cilcennin. Rwy'n cofio'n dda ambell i bnawn Sul am Mam
a ninnau'r plant ynghyd â rhai o chwiorydd Mam a'u
teuluoedd hwythau yn crynhoi yn nhŷ Mam-gu. Ac am y
fath wledd! Y bwrdd yn gwegian dan bob math o
ddanteithion, yn darts fale a mwyar neu lysiau duon bach,
cacennau a chigoedd a siytnis a jam cartre o bob math. A'r
ardd wedyn, tebyg i 'Forder Bach' Crwys, yn llawn blodau
a llysiau iachusol – yr hen ŵr a'r hen wraig, y wermod lwyd
a'r wermod wen, a 'mint a theim a mwsg'.

Roedd un o chwiorydd Mam, Anti Sara yn dipyn o
gymeriad. Gallai fod yn ddoniol heb iddi sylweddoli hynny.
Un tro roedd hi a'i gŵr Ifan ar eu ffordd fyny i Aberystwyth
ac wrth ddod allan i'r briffordd ger Llan-non dyma Ifan yn
gofyn iddi edrych i'r chwith i weld os oedd y ffordd yn glir
tra'i fod ef yn edrych i'r dde.

'Popeth yn glir', medde Anti Sara, 'Do's dim byd yn dod.' Allan ag Ifan i ganol y ffordd, ond ar hynny dyma gar yn sgrialu heibio, a'r gyrrwr lloerig yn canu ei gorn yn groch. 'Jiw! Jiw!' medde Anti Sara, 'odd hwnnw yn dy nabod ti, Ifan!'

Wedi i Ifan farw fe benderfynodd hi ddysgu gyrru. Ar ddiwrnod y prawf fe ofynnodd yr arholwr iddi am, dynnu mewn i arosfan wrth ochr y ffordd.

'Nawr! Nawr!', medde Anti Sara, 'Sai'n mynd i droi mewn o gwbwl! Sa'i ishe hanci-pancis 'da neb!'

Gadawodd Mam Ysgol Penuwch yn 14eg oed i wasanaethu fel morwyn gyda John a Jane Edwardes yn y Crynfryn, Penuwch. Roedd John o'r un teulu â Dafydd Edwardes, y cymeriad hwnnw oedd yn byw yn Nhanffynnon. Pan ofynnodd y Tywysog Charles iddo, pan oedd hwnnw'n fyfyriwr yn Aberystwyth yn 1969 ac ar ymweliad ag ardal Penuwch,

'What can you grow here?',

Ateb Dafydd oedd, 'Men, sir!'

Mae'r Crynfryn yn lle enwog mewn hanes. Yn ei gyfrol ar hanes plwyf Nantcwnlle dywed Y Parchg. Evan Edwardes mai Rhodri Fawr, yn ôl traddodiad, wnaeth godi'r Crynfryn i'w fab, Tudwal Gloff fel amddiffynfa. Dywed ymhellach i'r lle fod yn eiddo ac yn gartref i foneddigion pendefigaidd fel Meurig Goch, Arglwydd Cil-y-Cwm a Dafydd Fongam o Nantcwnlle a bod yna gysylltiad priodasol rhwng Llwydiaid y Crynfryn a Pheniarth, Sir Feirionnydd ac â Phrysiaid a Llwydiaid Sir Drefaldwyn.

Yn amser Mam, fodd bynnag, John a Jane oedd yn byw yno, pâr di-blant. Roedden nhw'n meddwl cymaint o Mam fel iddyn nhw'n naturiol fynd at Mam-gu a gofyn am gael ei mabwysiadu. Gwrthod wnaeth Mam-gu. Roedd gan yr hen gwpwl gar, hen Ostin 7, ac fe fyddai'r tri yn mynd ynddo i'r capel bob Sul i Benuwch. Ond ar waelod Rhiw Rhydlas, â'r hen gar yn gwegian, byddai'n rhaid i Mam fynd allan i wthio'r car fyny'r rhiw. Yna, ar y top, neidio'n ôl mewn. Ac ymlaen â nhw wedyn i'r capel.

Wedi gadael y Crynfryn, aeth Mam i Lunden am gyfnod. Ond ar doriad y Rhyfel daeth yn ôl yn forwyn i Blas Tŷ Mawr, Cilcennin cyn priodi a dod i Groeswyntoedd. Roedd gan Mam hefyd ei 'Border Bach', ac ar wahân i holl orchwylion beunyddiol y fferm, ar ôl gorffen diwrnod hir a chaled o waith, byddai'n brysur yn yr ardd yn tyfu llysiau o bob math, a blodau, wrth gwrs. Roedd hi'n bleser gweld ffrwyth ei llafur.' A thystiai Nhad na fethodd dim a blannodd llaw fy Mam.'

Fel cynifer o Gardis, ac ar wahân i Mam, fe fu hen ewyrth i mi yn Llunden yn cadw busnes siop a rownd laeth. Roedd Wncwl Defi John yn perthyn i ni o ochr Nhad, â'i wraig, Anti Lisi yn perthyn o ochr Mam-gu, Moelfryn Bach. Roedd e'n gryn gymeriad oedd yn hoff o sbort a thynnu coes. Pan ddaeth yn amser gwerthu'r busnes, fe roddodd hysbyseb y papur. O weld yr hysbyseb galwodd darpar brynwr i weld y lle ac i archwilio'r llyfrau. A medde Defi John wrth Anti Lisi,

'Cofia agor a chau drws y siop yn ddigon amal fel ei fod e'n clywed y gloch yn canu.'

Ac felly y bu. Ac wrth i Wncwl a'r ymwelydd fynd drwy'r llyfrau ar y llofft dyma'r darpar brynwr yn dweud,

'Well, well, Mr Edwards, you do have a busy business here!'

'Yes', medde Wncwl Defi John, 'listen to the bell. It never stops!'

Mae olyniaeth a thraddodiad wedi bod yn rhan o'r tiroedd hyn ers cenedlaethau. Ond mae'n drist meddwl bellach mai dim ond fi, yr ochr yma rhwng Capel Bethania a Threfilan, sydd ar ôl o'r hen deuluoedd. Fi yw'r unig un sydd wedi aros yma. Hyd yn ddiweddar roedden ni'n ddau. Y llall oedd Rhys Lloyd, y Moelfryn Mawr. Fe fu hwnnw farw ar ddiwedd 2012 gan fy ngadael i fel yr unig frodor sydd ar ôl yn ymarfer hen 'grefft gyntaf dynol ryw'. Ie, chwedl Ceiriog:

Bugeiliaid newydd sydd
Ar yr hen fynyddoedd hyn.

Er ein bod ni yng nghanol y berfeddwlad, mae yna amryw yn pasio heibio, a nifer yn galw, ac mae'n arferiad gen i, pwy bynnag sy'n pasio neu'n galw, imi eu cyfarch nhw yn Gymraeg. Mae'n bolisi gen i na fydda i'n cyfarch neb yn Saesneg. Cymraeg yn gyntaf, bob tro.

'Bore da' neu 'Prynhawn da' fydd hi. 'Mae'n ddiwrnod hyfryd.'

A'r ymateb yn amlach na pheidio fydd:

'What? Sorry, I don't understand.'

Ar un adeg fe fydde aelodau o Dystion Jehofa'n galw byth a hefyd. Yn wir, ro'n nhw'n bla, a finne'n eu cyfarch nhw yn Gymraeg bob tro. Ond doedd neb ohonyn nhw a fedrai fy ateb yn Gymraeg. Doedd ganddyn nhw ddim llenyddiaeth Gymraeg o gwbl i'w gynnig chwaith. Ond fe wnes i eu nychu nhw gymaint fel iddyn nhw, o'r diwedd, ddod yma â deunydd Cymraeg. Un tro dyma ddau neu dri ohonyn nhw'n galw, a finne'n eu cyfarch nhw yn Gymraeg fel arfer, a hwythe'n edrych yn dwp arna i.

'Oh', meddwn i, 'you've just moved into the area, I take it.'

'No', medden nhw, 'we're from Aberaeron. We were born there.'

Finne wedyn yn dweud wrthyn nhw fy mod i'n synnu nad oedd ganddyn nhw Gymraeg.

'Oh', medde un ohonyn nhw, 'I don't speak Welsh but I can understand it.'

Dyma fi wedyn yn cyfeirio at y tri neu bedwar ci defaid ar y clos a dweud:

'You see those sheepdogs? Well, they have something in common with you. They can't speak Welsh either, but they can understand it.'

A bant â nhw. Ddaethon nhw ddim nôl yma wedyn.

Fe fues i wrthi'n ddiweddar yn myfyrio ar y ffermydd a'r tyddynnod o gwmpas. Mae bron iawn pob lle wedi cartrefu perthnasau i fi o'r naill ochr neu'r llall, rywbryd neu'i gilydd. Dyna beth yw cyfoeth o olyniaeth. Ond bellach, ar wahân i fi a'r teulu, pobl ddŵad yw bron bawb yn y fro gyfan, a rheiny bron yn ddieithriad yn Saeson. Fi bellach yw'r dieithryn, a hynny yn fy mro fy hun. Ac fe ddigwyddodd y newid mawr yma yn ystod fy mywyd i. Fel Goronwy Owen:

Y lle bûm yn gware gynt
Mae dynion na'm hadwaenynt.

2

Bwrw gwreiddiau

Yr un a foldiodd fy mywyd yn blentyn oedd Tad-cu. Stwcyn bach byr oedd Dafydd Edwards, ond un eithriadol o gryf. Fe fedrai afael mewn dau ddarn 56 pwys, un ymhob llaw, a'u codi nhw uwch ei ben a'u cnocio nhw'n erbyn ei gilydd yn gwbwl ddidrafferth.

Un o'i hoffterau oedd cnoi baco. Roedd ganddo fwlch rhwng ei ddau ddant blaen ac fe fyddai'n poeri drwyddo i'r tân. Yn anffodus methai ei darged yn aml a disgynnai'r poer brown ar y ffender bres, loyw er mawr drafferth i Mam.

Wnâi e byth wisgo cot fawr, ar wahân i fynd i angladd neu fynd i'r capel ar y Sul. Yn wir, dim ond un got fawr oedd yn ei feddiant, sef y got angladdol honno. Fe fedra i ei weld e nawr, allan ar bob tywydd heb got. Ond fe wisgai fritsh a legins a chot fach o frethyn cartre. Dros honno fe daflai hen sach drwchus ar draws ei ysgwyddau, a honno wedi ei dal ynghau wrth bont yr ysgwydd â hoelen chwe modfedd. Fe'i gwisgai rywbeth yn debyg i'r ponshos y mae'r *gaucho* yn eu gwisgo o hyd ym Mhatagonia. Yn aml iawn byddai'n wlyb hyd y croen ar ôl diwrnod o waith. I mewn ag ef wedyn i'r gegin a sefyll â'i gefn at y tân mawn dan

Tad-cu, fy arwr mawr

Tad-cu a Mam-gu ar glos Croeswyntoedd Fawr

y fantell simdde. Ar noson glir byddai modd gweld y sêr drwy'r simdde honno.

Wrth i Tad-cu gynhesu yng ngwres y fflamau, prin fedrwn i ei weld rhwng y stêm a godai o'i ddillad yn gymylau trwchus a'r mwg a godai o'i bibell. Ac yn rhyfedd ddigon, ni fyddai nemor fyth yn dal annwyd a bu fyw i oedran teg o 85 oed. Ond erbyn hynny roedd y cryd cymalau wedi cloi ei freichiau a'i goesau yn ddrwg. Ond hyd y diwedd bron, fe barhaodd â gwaith y ffarm. Fe fyddai'n torri llafur ar ben y beinder hyd yn oed yn ei henaint. Roedd e'n eitha stiff erbyn hynny, a Nhad yn gorfod ei helpu i'w sedd ar ben y peiriant.

Fe fyddwn i'n dilyn Tad-cu i bob man. Yn wir, fe'i dilynwn i Uffern petai'n gofyn. Pan fydde Nhad a Mam yn brysur gyda gorchwylion, Tad-cu fyddai yn ein tendio ni, a'i ofal ohonom weithiau'n mynd dros ben llestri; er mwyn sicrhau bod ein dillad yn hollol gras, fe fydde fe byth a hefyd yn eu rhuddo o flaen y tân. Doedd hynny ddim yn plesio Mam, wrth gwrs. Cofiaf yn dda amdano hefyd yn iro ei esgidiau gyda 'waste oil' er mwyn eu gwneud yn ddiddos rhag y glaw.

Mae gen i un cof clir amdano'n cael dant wedi'i dynnu. Roedd hen gilddant yn achosi poenau difrifol iddo fe. Rhaid fu galw am y doctor. Nid y deintydd cofiwch, ond y doctor. Cymeriad rhyfeddol o'r enw Doctor Worthington o Langeitho oedd hwnnw. Roedd gan y doctor rhyw nam lleferydd. Hynny yw, fe gâi drafferth i ynganu'r llythyren 's', neu i ni yn yr ardal hon, roedd e'n lisban. Dyma fe'n cyrraedd ac yn dod allan o'r car ar y clos at Tad-cu.

'Beth thi'n bod, Edwardth bach?'

'Hen gilddant poenus, doctor. Mae'n rhaid ei gâl e mas.'

'Dowch i ni gâl gweld, nawr. O, ma' hwn yn hothpital cêth, Edwardth bach. Hothpital cêth.'

'Hospital, doctor! Bachan, dw'i ddim wedi bod mewn hospital eriôd, a sai'n golygu mynd 'no chwaith! Wi'n moyn y dant ma mas heddi! Nawr! Alla'i ddim byw rhagor gyda'r boen.'

'Ond Edwardth bach! Alla'i ddim â'i ffrîtho fe. Thda fi ddim anathetig.'

'Dim gwahanieth, doctor.'

'Chi ddim yn gweud eich bod chi'n fodlon ei gâl e math heb ddim byd i'w rewi fe!'

'Os nad oes injecsion gyda chi, oes gyda chi binshwrn?'

'Oth, ma gen i binthwrn.'

'Wel, os hynny mas ag e!'

Mae'r darlun yn dal yn glir yn fy nghof, Tad-cu'n sefyll yn herfeiddiol â'i gefn at ddrws y sgubor a'i ddwylo y tu ôl i'w gefn ac yn agor ei geg yn llydan a chau ei lygaid yn dynn. Fe afaelodd Doctor Worthington yn y dant â'r pinsiwrn a dyma fe'n dechre'i sgriwo fe mas. Fe fedrwn i glywed y dant yn cratsian. Wnaeth Tad-cu ddim yngan gair, ond roedd y dagrau a'r chwys yn llifo lawr ei fochau gyda'r boen. Ac ar ôl sawl twist a phlwc, mas â'r dant. Dyma Tad-cu'n sychu ei lygaid, carthu ei wddw ac yna saethu allan ddwy boerad waedlyd, a bant ag e. Wnaeth e ddim hyd yn oed alw yn y tŷ am baned o de i glirio'i geg. Na, bant yr aeth e nôl at ei waith.

Mae'n werth oedi yma i ddweud mwy am Worthington. Roedd e'n chwedl yn yr ardal. Hoffai godi ei fys bach, a hynny'n weddol reolaidd, ac o dan ddylanwad y 'moddion'

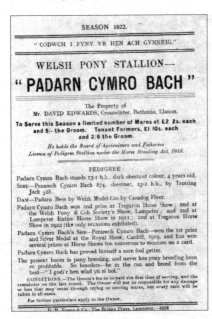

SEASON 1922.

"CODWCH I FYNY YR HEN ACH GYMREIG."

WELSH PONY STALLION—
"**PADARN CYMRO BACH**"

The Property of
Mr. DAVID EDWARDS, Crosswinter, Bethania, Llanon.
To Serve this Season a limited number of Mares at £2 2s. each
and 5/- the Groom.   Tenant Farmers, £1 10s. each
and 2/6 the Groom.

*He holds the Board of Agriculture and Fisheries
Licence of Pedigree Stallion under the Horse Breeding Act, 1918.*

PEDIGREE :

Padarn Cymro Bach stands 13·1 h.h., dark chestnut colour, 4 years old.
SIRE—Penuwch Cymro Bach 874, chestnut, 13·2 h.h., by Trotting
Jack 528.
DAM—Padarn Bess by Welsh Model 620 by Caradog Flyer.
Padarn Cymro Bach won 2nd prize at Tregaron Horse Show ; 2nd at
the Welsh Pony & Cob Society's Show, Lampeter ; and 2nd at
Lampeter Entire Horse Show in 1921 ; and at Tregaron Horse
Show in 1922 (the only occasions exhibited).
Padarn Cymro Bach's Sire—Penuwch Cymro Bach—won the 1st prize
and Silver Medal at the Royal Show, Cardiff, 1919, and has won
several prizes at Horse Shows too numerous to mention on a card.
Padarn Cymro Bach has proved himself a sure foal getter.
The present boom is pony breeding, and never has pony breeding been
so profitable.   So breeders—be in the run and breed from the
best—" I godi'r hen wlad yn ei hol."
CONDITIONS.—The Groom's fee to be paid the first time of serving, and the
remainder on the last round.   The Owner will not be responsible for any damage
or loss that may occur through trying or serving mares, but every care will be
taken in all cases.

For further particulars apply to the Owner.
D. R. Evans & Co., The Bridge Press, Lampeter.—8256

*Taflen yn hysbysebu rhinweddau un o
feirch Tad-cu yn 1922*

hwnnw fe fydde fe'n dueddol o foelyd ei gar. Un tro roedd ef wedi ceisio cael apwyntiad yn garej Huw Morgan, Tregaron, i iro'r car, hynny'n golygu y byddai angen mynd at waelod y modur. Awgrym Huw Morgan oedd i'r Doctor roi gwybod iddo pan fyddai'n gyfleus iddo iro'r car, neu ei 'grîtho', fel y dywedai Worthington. Un dydd fe foelodd y car ar Fynydd Tregaron a dyma wneud galwad ffôn i'r garej yn awgrymu – gan fod y car ben i waered – y byddai hwn yn 'amther da i grîtho'.

Yn y cyfamser, doedd dim diwedd ar fy nrygioni i. Un tro, yn yr hydref, roedd Nhad a Tad-cu oddi cartre, a Mam yng ngofal y godro. Godro â dwylo, wrth gwrs. A'r noson honno, a Mam ar hanner godro, dyma hi'n clywed y ffowls yn codi twrw, rhyw glochdar uchel a chyffro mawr a chwalu, a phlu yn codi i bobman. Roedd y tŷ ffowls rownd y gornel i'r beudy, ac fe feddyliodd Mam ar unwaith fod llwynog o gwmpas. Lawr â hi ac oedd, roedd yno lwynog yn y tŷ ffowls, ond llwynog deucoes oedd e, sef fi. Yno roeddwn i'n taflu wyau allan i'r cŵn a rheiny'n eu llyncu nhw'n awchus. Roedd ganddon ni ddau neu dri o gŵn defaid, a'r rheiny'n siglo'u cynffonnau'n fodlon ar ôl gloddesta ar tua dau ddwsin o wyau ffres Mam.

'Beth wyt ti'n feddwl ti'n neud, y crwt cythrel!' medde Mam. 'Towlu wye i'r cŵn!'

Dyma glatsien ar draws y coesau, a honno'n brathu gan

*Saethfa wedi ei threfnu gan Doctor Worthington
yn Llangeitho i'w ffrindiau*

mai trowsus cwta oedd amdana'i. Fy ateb i – prin fod wedi
dechre siarad o'n i – oedd:
'Edrych ar swyad, Mami dwl!', sef 'Edrych ar y lleuad,
Mami ddwl.'
Hynny yw, ceisio tynnu sylw Mam oddi ar fy mhechod
rhag iddi roi mwy o glatshys i fi.
Roedd y ffaith ein bod ni'n cadw moch yn fendith ac yn
felltith. Ro'n i wrth fy modd yn eu tendio a hyd yn oed yn
chwarae gyda nhw. Ond mater arall oedd diwrnod eu lladd.
Fel arfer fe fydde dau fochyn yn cael eu lladd gyda'i gilydd.
Fe fydde'r lladdwr yn clymu rhaff am geg y mochyn, rhaff
fach stiff, a'i lusgo fe mas o'r twlc. Unwaith y gwnâi e hynny
fe fydde'r sgrechian yn dechre. Yna fe'i gwelwn e'n gwthio'r
gyllell i wddw'r creadur, druan, a'r gwaed yn saethu mas yn
ffrydlif goch.
Fe fydde'r pair eisoes yn berwi ar y tân yn y tŷ pair ar
gyfer cael dŵr berwedig i hwyluso crafu'r blew bant. Mae'r

hen bair gyda ni o hyd. Ynddo fe hefyd fydden ni'n berwi tatw i fwydo'r moch.

Fe gâi pob darn o'r mochyn ei ddefnyddio: y cig, wrth gwrs, yn ham a gamon, y llygoden – y darn gorau – bacwn a sbarib; y traed, wedyn, a fyddai'n cael eu berwi; y pen ar gyfer gweud brôn, math ar friwgig; a hyd yn oed y clustiau ar gyfer rhwbio'r halen i'w gnawd wrth halltu; a'r bledren yn ffwtbol cyn iddi, yn fuan iawn, fyrstio.

Mae'n debyg fod gen i dafod parod iawn. Roedd yna weinidog o Abermeurig ger Tal-sarn, Johnny Griffiths yn galw'n achlysurol. Pan fydde fe'n pregethu yng nghapel Bethania, Nhad fydde'n mynd i'w nôl yn y car. Wedi gwasanaeth chwech fe fydde fe'n dod nôl i Groeswyntoedd Fawr i gael pryd o swper gyda ni cyn i Nhad ei yrru fe adre.

Roedd John yn dipyn o dynnwr coes. Bob tro y bydde fe'n galw, tua theirgwaith y flwyddyn, fe fydde fe'n pryfocio Margaret, Luned a fi. Ceisio fy nghythruddo i oedd e fynychaf, a hynny ynghylch Margaret. Stori John byth a hefyd oedd yr hoffai e fynd â Margaret adre gydag ef i'w helpu i baratoi bwyd a glanhau'r tŷ, a bob tro fe fyddwn inne'n gwylltio. Dyna oedd ei fwriad, wrth gwrs. Fe wyddai fod gen i dymer fer.

Fe aeth hyn ymlaen am sbel. A bwriad John oedd fy ngyrru i ben fy nhennyn. Fe allai weld fod fy ngwrychyn i'n codi'n araf, ac fe ddigwyddodd. Wedi iddo fe fynd ymlaen ac ymlaen am fynd bant â Margaret unwaith eto fe wnes i ddweud wrtho na châi e Margaret ond y gallai gael Luned – ddim ond iddo ddod â hi'n ôl trannoeth.

'Na!' medde Luned. 'Sa' i'n dod gyda chi achos mae Mam yn moyn fi!'

Ond dyma fe nôl eto.

'Ond Margaret wi'n mo'yn. Mae'n rhaid i fi gael Margaret.'

A dyna lle bu yn poeni a phoeni, nes yn y diwedd dyma'r argae'n torri.

'Wel damio chi'r dyn diawl, ond wi wedi gweud tho chi na chewch chi ddim o Margaret!'

Fe gydiodd Mam ynddo i gerfydd fy ngwar a fyny'r grisiau â fi i'r gwely, a dyma gwpwl o glowts. Ond chwerthin wnaeth John. Roedd ef wedi llwyddo o'r diwedd. Roedden ni'n hunangynhaliol bryd hynny. Digon o gig moch. Mam wedyn yn crasu bara, yn corddi ar gyfer gwneud menyn a gwneud caws, a llaeth enwyn, wrth gwrs. Roedd Doctor Bach Green Grove ger Felin-fach yn gredwr cryf mewn llaeth enwyn yn foddion at bob anhwylder. Roedd Doctor Worthington ar y llaw arall yn credu mewn moddion cryfach. Ond y pwynt yw, sut allai Mam ddod i ben â'r gwaith i gyd? Does gen i ddim syniad.

Fe wnaethon ni'r plant ddechrau helpu'n ifanc iawn. Dyna oedd hanes plant y ffermydd i gyd. Gorchwylion syml fydden nhw i ddechre. Hel brigau a choed tân. Cario bwyd i'r moch. Bwydo'r lloi. Roedden ni'n gwneud hynny unwaith wnaethon ni ddechrau cerdded, bron iawn. Ond â ninnau'n blant gyda'n gilydd roedd e'n fwy o hwyl nag o waith. A phan gychwynnodd y tri ohonom yn Ysgol Aberaeron fe fydde'n rhaid i ni odro tair buwch yr un â dwylo, yna fewn i'r tŷ am frecwast a newid i ddillad ysgol a neidio ar y beics lawr i groesffordd Rhiwlas i gwrdd â'r bws.

Ond ro'n i wastad mewn rhyw drybini neu'i gilydd. Cofiaf un dydd crasboeth ganol haf pan o'n i tua'r saith oed, roedd Nhad a Mam, Tad-cu a'r gwas wrth y gwair. Gwair rhydd oedd e bryd hynny, wrth gwrs. Doedd y byrnwr heb gyrraedd eto. Roedden nhw wrthi mewn cae oedd tua hanner milltir bant. Amser cinio fe wnaeth Mam ddechrau sôn ei bod hi ag angen mynd â Margaret a Luned i dorri eu gwallt. Roedd fy ngwallt i'n hir hefyd ac yn drwch o gwrls. Ches i ddim o'i dorri nes i fi ddechrau mynd i'r ysgol. Roedd e'n haf twym, fel oedd hafau plentyndod yn dueddol o fod, a chnwd o wallt hir yn ychwanegu at y poethder.

Tad-cu yn dal pen coben o frid

Fe adawodd y criw nôl am y cae gwair a dyma fi'n cofio geiriau Mam ac yn meddwl helpu. Fe wnes i nôl gwellaif o'r sied a stôl odro a gosod fy chwiorydd yn eu tro ar y stôl ac fe dorrais eu gwalltiau yn y bôn. Pan welodd Mam nhw fe fu bron iawn iddi lefen. Roeddwn i wedi torri eu gwalltiau nhw'n gudynnau di-siâp ac yna cuddio'r gwallt oedd wedi'i dorri o dan sincen. Ffordd o gelu'r dystiolaeth, mae'n debyg. Ond er mai'r bwriad oedd arbed Mam rhag gwaith, doedd hi ddim yn rhyw bles iawn.

Fe fydda'i wrth fy modd yn cael sbort. Dyna'i chi feibion Margaret, fy chwaer, Nigel, Michael a Dylan. Fe ddeuai'r ddau hynaf yma bron bob penwythnos ac ar adeg gwyliau ysgol i aros ar y fferm. Un penwythnos roedd y ddau hynaf yma, ac Anne ddim yn digwydd bod adre'r noson honno. Fe aeth y tri ohonom ati wedi swper hwyr i wylio ffilm ar y teledu, ffilm am ryw gorachod bach a ddeuai lan o dan seler rhyw dŷ gan godi ofn ar y teulu drwy sibrwd yn ddi-baid,

'I want your soul.'

O weld y ddau'n closio at ei gilydd ar y soffa tybiais y buasai'n well iddyn nhw fynd i'r gwely, ac felly y bu. Ymhen tipyn dyma fi fyny i'r llofft ac yn ddistaw bach yn diffodd golau eu stafell wely. Clywais Michael yn sibrwd,

'Hei, Neij, be' sy' 'na?' gan glosio'n agosach at ei frawd mawr.

Hwnnw'r un mor ofnus, os nad yn fwy felly. Dyma Nigel yn ailgynnau'r golau a finne eto yn ei ddiffodd gan sibrwd,

'I want your soul.'

Medde Michael wedyn,

'Glywest ti hwnna?' A chynnau'r golau eto.

Dyma finne'n diffodd y golau eto a sibrwd,

'I want your soul and your Joni Wili!'

'Neij, gwed wrtho fe,' medde Michael, 'gallith e gâl fy sowl i, ond so fe'n câl Joni Wili!'

Fe fyddwn i'n tynnu eu coes yn ddi-baid. Fe benderfynodd Michael yn ddiweddarach wedyn y bydde'n well ganddo fe fod yn 'clean farmer' yn Abernac! Roedd Dylan, yr ieuengaf yn llawer callach ac yn ddigon cyfrwys i gadw draw, byth wedi i fi ei holi,

'Wel, shwd wyt ti ngwas i?'

Ac yntau'n ateb, 'Dim washi yw fy enw i ond Dylan.'

Mae Nigel wedi cadw'i gysylltiad â'r fferm dros y blynyddoedd, ac er bod ganddo'i fusnes llewyrchus ei hunan erbyn hyn fel syrfëwr siartredig, mae'n parhau i roi help llaw i ni yma, yn enwedig gyda gofal y defaid. Mae'r elfen honno'n gryf ynddo fe.

Fe fydde gan Nhad help yn awr ac yn y man, naill ai was neu drempyn. Roedd gweision a thramps yn ymwelwyr cyffredin iawn bryd hynny. Doedd yna'r un ffarm – os na fyddai yno feibion mewn oedran gwaith – heb ei gwas neu weision. Ond fe fyddai help llaw gan dramp yn dod yn ddefnyddiol iawn, ac roedd gweld trempyn yn cerdded y fro yn olygfa gyffredin. Byddai'r trempyn wedyn yn gweithio rhyw blwc am ei fwyd ac am noson o gwsg yn y llofft stabal, neu, yn ein hachos ni, yn y storws. Gan fod Croeswyntoedd Fawr ar ben y ffordd fe gaem ni fwy na'n siâr ohonyn nhw'n galw.

Roedd hen goeden sycamor fawr yn tyfu ger y tŷ a'r wal gerrig o gwmpas ei bôn yn wyngalchog. Mae llawer o'r tai a'r tyddynnod o gwmpas y fro â choed sycamor o'u cwmpas. Roedd e'n goel gan yr hen Gymry fod coed sycamor yn cadw'r ysbryd drwg bant. Yn yr un modd roedd yna gredo fod yr ysgawen yn cadw mellt draw. Dyna'r rheswm pam mae cymaint o goed ysgaw i'w gweld yn tyfu ger hen furddunod. Roedd yna goel fod ysgawen ger y llaethdy'n cadw pryfed draw. Byddai llosgi pren ysgaw'n siŵr o ddod ag anlwc. Yn aml ar brynhawniau braf o haf fe fydde Tad-cu'n dod allan â gramoffon gan chwarae recordiau Leila Megàne ac eraill. Fe fydde angen weindio'r gramoffon yn awr ac yn y man wrth i'r llais ar y record arafu. Mae gen i gof da am ganeuon fel 'Bendithiaist Goed y Meysydd' yn cael eu chwarae. Fan yna, hwyrach yr heuwyd had fy niddordeb diweddarach mewn canu.

Yn aml iawn fe gâi trempyn ei ddenu at y miwsig. Fe wnâi ef ymuno â ni ar y clos i wrando a chael basned o gawl neu fara te. Fe gâi ef wedyn aros y nos yn y storws, a'r bore wedyn fe'i gwelwn e'n ceibio yn Cae Gwair, hwyrach, gan agor ffos neu gymryd at wahanol dasgau eraill. Roedd pob trempyn yn gwybod fod croeso iddyn nhw yng Nghroeswyntoedd Fawr. Wedi cael eu dadleoli gan y Rhyfel yr oedd llawer ohonyn nhw ac wedi troi at y ffordd fawr. Rwy'n cofio un ohonyn nhw'n dda, sef John Llanbradach. Un arall oedd tramp a gâi ei nabod fel Carnera. Wn i ddim beth oedd ei enw iawn e. Roedd hwnnw'n mynd o gwmpas ar gefn beic.

Un a fyddai'n galw'n aml oedd Dafydd Jones o Fwlch-llan, sef Dafydd Gwallt Hir. Nid tramp oedd Dafydd ond crwydryn. Roedd Dafydd yn ddyn diwylliedig iawn, yn

Mam a Nhad ym mlodau eu dyddiau

dipyn o fardd. Mae gen i gof plentyn amdano'n gwthio'i gart fach, a honno'n llawn trugareddau yn cynnwys llyfrau a chylchgronau, a thuniau yn hongian oddi arni. Fe glywn y tuniau'n atseinio ymhell cyn iddo ddod i'r golwg. Wnâi e ddim galw ym mhobman. Wnâi e ddim derbyn bwyd na chymryd dŵr oddi wrth bobol nad oedd e'n ymddiried ynddyn nhw chwaith.

Fe'i ganwyd ef yn y Pyllau gerllaw ac yna bu'n byw ym Mount Pleasant. Fe fu'n gweithio mewn siopau dillad yn Llambed ac yna yn Abertawe. Doedd neb yn gwybod yn iawn pam y cymerodd ef at y ffordd fawr. Credai rhai iddo gael ei siomi gan fenyw. Ond fe grwydrodd ddyffrynnoedd Aeron a Theifi am 30 mlynedd. Fe'i claddwyd ym mynwent Nantcwnlle gerllaw, yn yr union fynwent lle mae'r Edwardsiaid Brynele yn gorwedd. Roedd ef a'i gart yn olygfa gyffredin iawn yn y fro. Fe fu farw yn 1951 yn 72 oed.

Crwydro fydde Dafydd, ond fe wnâi ambell drempyn aros am ddiwrnod neu ddau i weithio. Un felly oedd John Llanbradach. Fe wnâi addo pethe mawr yn ei dro.

Margaret, Luned a finne ar draeth
Llan-non gyda Mam

'O, gwnaf bos, mi sticia i efo chi nawr gan fy mod i'n gwybod fod fy eisiau i yma.' Dyna fyddai ei addewid yn aml. Ond weithiau, erbyn y bore wedyn, gyda basned o gawl yn ei fol, fe fydde John wedi symud ymlaen a'r storws yn wag. Fe fydde fe wedi mynd mas drwy'r drws cefn ac yna drwy'r ydlan ac yn ôl i'r ffordd fawr. Ond nôl y deuai wedyn ar ei dro. Fe wnâi ambell un gadw at ei air a sticio o gwmpas am fis neu ddau, falle. Hen bobol iawn oedden nhw. Wnes i ddim erioed ofni trempyn.

Cofiaf Nhad yn sôn wrtha'i, pan oedd Tad-cu'n ddyn gweddol ifanc, iddo fynd unwaith neu ddwy fyny mor bell â Llanfachreth uwchlaw Dolgellau ar gefn y poni i brynu defaid. Byddai wedyn yn eu cerdded adre bob cam. Roedd hi'n hanfodol cael cŵn arbennig o dda, yn enwedig ar gyfer mynd drwy Fwlch Talyllyn heibio i Bulpud y Diafol. Byddai ambell ddafad yn bwrw lawr a dianc dros y dibyn a mynd tua'r cwm islaw. Y gamp wedyn fyddai i'r cŵn gadw defaid Tad-cu oddi wrth y defaid fyddai'n pori ar y fron yr ochr draw, a'u hebrwng lawr y cwm ac yn ôl i ymuno a gweddill y ddiadell. Mor wir yw englyn Thomas Richards:

Rhwyddgamwr hawdd ei gymell – i'r mynydd
A'r mannau anghysbell,
Hel a didol diadell
Yw camp hwn yn y cwm pell.

Yn nyddiau Tad-cu byddai'r ddiadell yn treulio'r hafau fyny ar dir Edwards Nantstalwyn, ddeng milltir uwchlaw Tregaron i gyfeiriad Soar y Mynydd.

Roedd tyfu fyny yng Nghroeswyntoedd Fawr yn ffordd freintiedig o fyw. Wrth gwrs, fe ddeuai ambell storm i darfu ar bethe. Dyna ichi storm eira 1947, er enghraifft, pan wnaethon ni golli hanner y ddiadell. Mae gen i gof o Nhad a Tad-cu'n cyrraedd adre yn hwyr y nos gyda'u rhofiau ar eu hysgwyddau wedi iddyn nhw fod allan yn cloddio am ddefaid yn y lluwchfeydd. Tua phedair oed oeddwn i ond mae'r darlun mor fyw ag erioed.

Roedd bywyd plentyn ar y ffarm yn fywyd syml. Fedra'i ddim cofio cael moethau fel y caiff plant heddiw. Ddim hyd yn oed adeg y Nadolig. I fi a'm chwiorydd doedd Nadolig yn golygu dim byd mwy nag ychydig afalau a banana yn yr hosan wrth draed y gwely, ac yn fy achos i, gwn dŵr os byddwn i'n lwcus a dol yr un i'r merched. Ond y Nadolig cyn y lluwche mawr rwy'n cofio cael whilber fach bren.

Dyna beth oedd trysor. Ro'n i'n meddwl y byd o'r whilber fach. Ond pan ddaeth yr eira mawr dros nos ar ddechrau mis Chwefror fe guddiwyd y whilber fach o dan y lluwch, ac o dan y lluwch fuodd hi am ymron dri mis.

Rwy'n cofio criw o tua deg ar hugain o Fois yr Hewl yn clirio'r ffordd. Fe fyddai Nhad yn sôn yn aml amdano'n torri gwair ar ddechrau mis Gorffennaf a lluwche'n dal ar y talarau. Yn wir, fedre fe ddim torri'r

Fi yn blentyn yn nyddiau ysgol

39

talarau oherwydd trwch yr eira oedd yn dal i orwedd
mewn ambell gae, yn arbennig yng Nghae Garreg Wen. Y
rheswm am i'r eira oedi mor hir oedd presenoldeb y coed
ffawydd ar hyd y ffiniau. Roedden nhw'n gysgod, ond
mwya i gyd y cysgod, mwya i gyd oedd y lluwche a hira i
gyd fydden nhw'n oedi.

Roedd Nhad yn ffrindiau mawr â Dai Sâr, Bethania.
Roedd Dai yn gryn gymeriad ac yn fardd talcen slip a
fydde'n cofnodi ambell i dro trwstan yr ardal. Un tro dyma
John Colej Ffarm yn cael hen ddamwain gas. Roedd e
wrthi'n plygu perth pan lithrodd y bilwg a thorri cwt cas ar
ei drwyn. Dyma Dai Sâr yn gweithio pennill ar unwaith,

Rhyw ddydd aeth John y Colej
I dorri blaen y llwyn,
Ond slipo wnaeth y bilwg
A thorri blân ei drwyn;
Gofaled John tro nesa
Pan fydd e'n rhoddi cnoc
I gydio'n sownd yn hwnnw
Neu mae'n siŵr o dorri'i ...

A dyna'i chi beth od, fedra'i byth gofio'r gair ola 'na!

Ond roedd y coed yn sanctaidd i Nhad. Yn ystod ei
flwyddyn olaf cafodd broblemau gyda'r galon. Fe fu e'n
orweiddiog am sbel gan orfod cael ocsigen i'w helpu i
anadlu. Bob nos fe fyddwn i'n mynd fyny at erchwyn ei
wely. Rhwng anadliadau trwm, fe fydde fe'n rhoi cyngor i fi.
Y cyngor olaf cyn iddo farw yn 1973 oedd hwnnw am i fi
blannu mwy o goed.

Ar y pryd roedd dwy o'n ffermydd, Croeswyntoedd
Fawr a Hafod-hir Uchaf o dan denantiaeth, ac fe ddaeth
tenantiaeth y ddau le i ben bryd hynny. Roedd y ffermydd
nawr yn dod nôl i ni, a Nhad yn wael. Ddiwedd Medi adeg

Calangaeaf y deuai blwyddyn cytundeb pob tenantiaeth i ben, hynny yw ar y 29ain o'r mis. Ers pan oeddwn i'n grwt bach ro'n i wedi bod yn mynd gyda Nhad fin nos ar y dyddiad yna i gasglu'r rhent. Fe awn i gydag ef i Foelfrynbach ym Mhen-uwch, i Hafod-hir Uchaf a Chroeswyntoedd Fawr. Mynd yn y car gyda Nhad fyddwn i o'u cwmpas nhw.

A'r flwyddyn arbennig hon, ac yntau'n agosáu at ei ddiwedd, dyma fe'n dweud, gan fod dwy o'r ffermydd yn dod nôl i ni, fod angen i fi fynd ati eto i blannu mwy fyth o goed.

'Ry'n ni'n weddol uchel,' medde fe, 'a mae daear dda yma, daear sych, hyfryd gan mwyaf, ac mae angen ailddechre plannu coed. Ches i ddim mo'r amser i wneud yr hyn ddylwn i. Dechreua blannu unwaith eto, y mannau mwyaf agored.'

Ac fe wnes i wrando ac ufuddhau. Mae hyn bellach dros ddeugain mlynedd yn ôl. Erbyn heddiw, mae'r coed ffawydd a blannwyd gen i yn elltydd ac yn lleiniau cysgodol, yn cyflawni gofynion Nhad a hefyd ofynion cynllun Tir Gofal. Heddiw, mae yna grantiau ar gyfer gwneud y fath orchwyl. Ro'n i wedi hen gyflawni'r cyfan cyn i'r cynllun ddod i rym. Roedd Nhad ymhell o flaen ei amser. Dyna ichi Glastir wedyn, a'r angen am bwyntiau cyn ymuno â'r cynllun. Fe wnes i hen gyflawni'r cwbwl flynyddoedd yn ôl, diolch i weledigaeth Nhad.

3

Mynd drot-drot

Cyndyn iawn fues i'n cychwyn yn yr ysgol. Nid fy mai i oedd hynny i gyd. Roedd llawn cymaint o fai ar Tad-cu. Mwy, hwyrach. Ro'n i'n bump oed cyn cychwyn yn yr ysgol. Roedd hynny am nad oedd Tad-cu'n rhyw fodlon iawn i fi fynd. Ei ddadl ef oedd na ddylwn i fynd yno gan mai'r cyfan ddysgwn yno fyddai melltith. Adre gydag ef ar y ffarm oedd yr unig ysgol deilwng, medde fe, a hwyrach ei fod e'n iawn.

Doedd ef ei hun ddim wedi cael diwrnod o addysg ffurfiol erioed. Pan oedd e'n grwt doedd Ysgol Penuwch, ddwy filltir i ffwrdd, ddim wedi agor. Yn 1879 yr agorodd honno. Yr unig addysg gynnar a gafodd oedd yn yr Ysgol Sul yng nghapel Bethania. Roedd yna hefyd ryw ddau ddiwrnod yr wythnos o addysg yn yr hen sgoldy yn achlysurol. Ond dyna'i gyd gafodd e. Ei ddadl e felly oedd, os na fu angen addysg arno fe, yna doedd dim mo'i angen arnaf inne chwaith. Ond mae'n stori wahanol iawn heddiw, wrth gwrs. Yr unig ysgol a oedd o unrhyw werth, yn ôl Tad-cu, oedd ysgol brofiad. Ond y gwir amdani oedd mai'r rheswm dros geisio fy nghadw adre oedd colli'r gwmnïaeth a fodolai rhyngom.

Fe dreuliem oriau a dyddiau yn crwydro'r lonydd a'r caeau ar gefn ei boni fach. Fe fyddai'n fy nghodi i eistedd y tu ôl iddo ar y poni. Rwy'n cofio un digwyddiad hynod iawn. Gerllaw un bwlch roedd hen garn o gerrig. Ac wrth i ni oedi i agor y gât, fe ddaeth gwenci allan o blith y cerrig a neidio fyny hyd at hanner y poni. Cyn iddi fedru suddo'i dannedd main i gnawd y poni fe hitiodd Tad-cu hi â'i ffon.

Mae'n siŵr fod ganddi nyth ymhlith y garn gerrig a'i bod hi'n ceisio amddiffyn ei rhai bach. Diolch byth fod y poni'n un dawel. Fe allai fod wedi rhedeg yn wyllt a'n taflu ni'n dau. Dro arall roedd y tarw Ayrshire yn y cae. Roedd e'n greadur gwyllt iawn ac fe ddechreuodd garlamu ar ein hôl ni. Dim ond cyrraedd y bwlch mewn pryd wnaethon ni. Fe allai fod wedi'n lladd ni. Fe werthodd Nhad ef ar unwaith wedyn rhag ofn. Does dim byd gwaeth na tharw'n troi'n gas.

Luned, Margaret a fi gyda'r ci, a'r gath yn y tegell!

Ond yn y diwedd, ac yn groes i'r graen, roedd rhaid mynd i'r ysgol. Fe gaem ein cario yno y ddwy filltir o Groeswyntoedd, fi a'm chwiorydd yng nghar y Cyngor Sir gyda John Jones, Henbant Fach yn gyrru. Ond a minnau tua'r wyth oed fe ddaeth rheol newydd i rym. Dim ond plant fyny i wyth oed gaent eu cludo. Roedd yn rhaid i blant hŷn na hynny gerdded. Felly dyma Nhad yn penderfynu y cawn fynd ar gefn Bess, y poni fach i'r ysgol gan wneud trefniant i fi allu ei chadw yn ystod oriau dysgu ym Mlaendyffryn, ychydig islaw'r ysgol.

Roedd y daith i'r ysgol a dychwelyd adre'n llawer mwy pleserus na bod yn y dosbarth drwy'r dydd. Fe fyddwn i'n gadael ar gefn Bess ben bore. I'r chwith, allan o glos Croeswyntoedd, dyna fi lawr at y Llwyn Du ger bwlch Rhos Felin Giachod. Yno roedd yr hen glwyd haearn gyr o'r ddeunawfed ganrif, a fu ar un adeg yn gwahanu'r mynydd-dir oddi wrth y caeau caeedig islaw. Ac ymlaen am Nant

Yn Ysgol Penuwch, y cyntaf ar y chwith gyda'r prifathro, J. R. Evans

Ffin, lle mae'r ffrwd yn nodi'r ffin rhwng plwyfi Llanbadarn Trefeglwys a Nantcwnlle; yna dringo a mynd heibio ar y llaw dde y lôn at Gwm Pistyll a Ffynnon Rinweddau. Ymlaen wedyn heibio i Bencraig Fach a phen lôn Tangraig, lôn Penbanc a'r Sarnauduon. Cyrraedd Pen-lan yr Aden Wynt wedyn a mynd heibio pen lôn Oak Hill a Rhyd-y-Gaseg. Pasio lonydd Cerrig Llwydion, Cnwc-yr-oerfa a Chefngarn; heibio i'r Carne, Tŵr-gwyn-bach a Thŵr-gwyn-mawr a Thanfalier. Yna'r hen eglwys sinc, sef Eglwys Llangronw, a fu'n gangen o Eglwys Nantcwnlle. Y ddwy bellach yn anheddau. A gyferbyn â'r eglwys fach mae'r ffordd ar y dde yn arwain heibio Danffynnon, cartref Dafydd Edwardes.

Dringo wedyn am Ryd-las a Bryn Gwyn a chyrraedd y ffordd fawr ym Mhenuwch, heibio i hen adeilad y *Co-op*, a Phenllether ar y chwith. A dacw hi, yr ysgol ar y dde. Hithau, ysywaeth, wedi cau erbyn hyn. Roedd hi'n daith o ddwy filltir a barai rhyw hanner awr i drichwarter, hynny'n dibynnu ar bwy ac ar nifer y bobol a welwn ar y ffordd, ac am ba hyd y gwnawn i oedi i sgwrsio â nhw. Byddwn yn siŵr o weld rhai o weithwyr y Graig Fawr, chwarel oedd ar dir Tanffynnon.

O gyfeirio at y Graig Fawr, roedd yna gymeriadau arbennig yn gweithio yno, yn eu plith Mocyn Naill-glust, am mai un clust oedd ganddo fe. Un arall oedd Dai 'One-eye', am mai un llygad oedd gan hwnnw. Yn dilyn gwyliau'r Nadolig a'r flwyddyn newydd un tro dyma'r ddau'n dychwelyd i'r gwaith. Dyma Dai 'One-eye' yn cyfarch Mocyn Naill-glust yn ddigon cwrtais:

'Happy New Year!' medde fe.

Ond fe gredodd Mocyn mai ei wawdio oedd Dai am mai dim ond un glust oedd ganddo fe, ac fe atebodd yn swta:

'Happy New Eye i tithe'r diawl!'

Gan i fi gyfeirio at chwarel y Graig Fawr, fe ddylwn hefyd sôn am chwarel arall gerllaw, sef Cwar Moelfryn Bach, a fu'n eiddo i Mam-gu a Tad-cu Croeswyntoedd. Hanai Mam-gu o fferm Moelfryn Bach, ac o'r chwarel hwnnw y cloddiwyd y cerrig ar gyfer adeiladu'r ffordd sy'n arwain lawr o Benuwch heibio i Groeswyntoedd, yn mynd heibio i Blas-y-Bryniau a draw i Dal-sarn. Bu Tad-cu ar ochr Mam, Dafydd Jones Sarnauduon yn dorrwr cerrig ar y ffordd am gyfnod cyn gadael am waith glo'r Tymbl. Cai'r cerrig eu gadael yn garnfeydd ar hyd ochrau'r ffordd ac yna'n cael eu torri a'u gwasgaru fel sail i'r ffordd. Dyna bartneriaeth ddefnyddiol, felly rhwng dwy ochr y teulu, a mantais fawr fu cael ffordd ag iddi wyneb caled.

Mae yma dri Moelfryn: sef Moelfryn Mawr, Moelfryn Bach a Moelfryn Maen. Ym Moelfryn Maen y trigai Dai Jones, a gâi ei adnabod gan bawb fel Dai Bocser. Yn ogystal â bod yn dipyn o foi yn y sgwâr bocsio roedd e hefyd yn ddartiwr o fri. Fe enillodd Dai deitlau bocsio gyda'r Awyrlu ac fe fu'n focsiwr ffair. Mewn dartiau fe lwyddodd i gyrraedd rownd derfynol Gwledydd Prydain, a gâi ei noddi bryd hynny gan y *News of the World*. Roedd Dai yn hanu o ochr Mam o'n teulu ni.

Diddorol nodi mai Moelfryn oedd yr enw cynhenid ar y 'Malvern Hills'. Tybed ai dyma hefyd fydd tynged yr enwau hyn ym Methania? Dafliad carreg o'r Moelfryn Bach mae 'Bear's Hill', cartref y diweddar Brifardd John Roderick Rees. Mae'r enw, mi dybiaf, yn deillio o enw'r afon Arth gerllaw. Bu'r lle yn dafarn unwaith o'r enw 'The Plough and Harrow'.

Ond i ddychwelyd at ddyddiau ysgol. Ni pharhaodd y trefniant o fynd yno ar gefn poni yn hir, yn anffodus. Fe newidiwyd polisi cludiant plant y fro unwaith eto gyda phlant o bob oedran wedyn yn cael eu cludo mewn car. Byddai'r car bellach yn orlawn gyda rhai'n teithio ar y stepen neu ar y bympyr ôl. Roedd yn atgoffa rhywun o rai o drenau India. Doedd yna fawr ddim sôn am Iechyd a Diogelwch bryd hynny, ond does gen i ddim cof i neb erioed gael ei anafu.

Roedd yna tua deugain o blant yn Ysgol Penuwch y dyddiau hynny. Cymry Cymraeg oedden ni i gyd ar wahân i un bachgen o Wlad Pwyl, ond fuodd hwnnw fawr o dro cyn dysgu Cymraeg. Doedd dim dewis gydag e. Roedd ef a'i deulu wedi dod i Gymru ar ôl y Rhyfel i ffarm Crynfryn. Yna fe ddaeth crwt o Almaenwr i'r ardal, Hubert Pollack. Yn ddiweddarach fe agorodd fusnes pobi bara yn Nhregaron ac fe godwyd ei blant yn Gymry Cymraeg. Fe fu'r meibion yn rhedeg y busnes tan yn ddiweddar, cyfnod o 65 mlynedd.

Cymraeg oedd iaith y fro. Yn wir, roedd Mam-gu cystal â bod yn uniaith Gymraeg. Pan ddaeth yr Ifaciwîs yma wedyn, buan iawn fuon nhw'n dod yn gymharol rugl yn Gymraeg. Fe ddaeth un, bachgen o'r enw Bill, i'r ffarm drws nesa. Fe fydde Nhad a Mam yn galw yno weithiau ac un noson fe gawson nhw gryn sioc o glywed gwraig y tŷ'n galw ar yr Ifaciwî:

'Bidji badji bo, Bill!' medde hi.

'Yes, Mam,' medde Bill.

A mas ag ef a dod nôl â bwcedaid o lo a bwndel o goed tân o dan ei gesail. Roedd yr hen wraig yn meddwl ei bod hi'n siarad Saesneg, a Bill yn ei deall hi. Oedd, er ei bod hi'n siarad rwtsh, roedd Bill yn ei deall hi'n iawn. Felly roedd yna dair iaith ar yr aelwyd, Cymraeg, Saesneg Bill a rwtsh yr hen wraig, a'r ddau yn deall ei gilydd yn berffaith.

Fi a Margaret yn trefnu rhyw ddrygioni neu'i gilydd.

Roedd ifaciwî ym Mwlch-llan wedyn. Roedd un o'r gwartheg yn lloia unwaith ac fe anfonwyd y crwt i'r beudy i weld sut oedd y creadur. Mas ag e, a phan ddaeth e nôl fe adroddodd gyflwr y fuwch.

'Bydd e dim yn hir,' medde fe, 'achos ma fe'n dechre siclo cwt fe a pipo nôl.'

Ond uniaith Gymraeg oedd yr ysgol, ar wahân i'r gwersi Saesneg, wrth gwrs. Fy mhrifathro cyntaf oedd J. R. Evans, yr awdur a'r dramodydd a symudodd yn ddiweddarach i Lanilar. Roedd e'n ddyn deallus iawn ond yn ddisgyblwr llym.

Fe ddilynwyd J. R. Evans gan Gwynne Hughes Jones, a ddaeth wedyn yn drefnydd drama Awdurdod Addysg y sir. I Gwynne mae'r diolch am fy nghyfle cyntaf ar lwyfan. Fe ddramateiddiwyd stori Bugail Aberdyfi. Gwynne fu'n gyfrifol am droi'r gerdd yn rhyw ffantasi lwyfan. Fi oedd yn chwarae rhan y bugail, ac uchafbwynt y ddrama oedd y gân enwog ar eiriau Ceiriog a thôn Idris Lewis. Yn chwarae rhan fy ngwraig oedd Mair Lewis, Ffos-las. Fe fuon ni ar daith â'r ddramodig, ac fe ddaeth yn boblogaidd iawn. Yn wir, fe wnaethon ni ennill gwobrau sirol a chenedlaethol gyda'n perfformiad.

Roedd Mair yn gorfod treulio'r rhan helaeth o'r ddrama yn ddisymud fel portread mewn ffrâm ar y llwyfan. Yna, ar y diwedd, wrth i fi ganu'r gân, roedd y llun yn dod yn fyw wrth i Mair gamu allan o'r ffrâm. Byddai'r gynulleidfa'n dal ei hanadl. Roedd yr effaith yn syfrdanol.

Yn y fan honno y cychwynnodd popeth. 'Bugail Aberdyfi' wnaeth i fi deimlo'n gysurus ar lwyfan. Dyna beth wnaeth greu ynof fi gariad at farddoniaeth, a chariad at waith Ceiriog yn arbennig, a mwynhau'r ysgol fwyfwy.

Yn yr ysgol ro'n i lawn mor ddrygionus ag oeddwn i adre. Ond ro'n i hefyd yn lwcus. Anaml iawn y cawn i fy nal yn gwneud drygioni. Un dydd, a'r prifathro i ffwrdd, fe wnaethon ni, blant yr ysgol, ddringo i gyd i ben hen ddesg bren ag iddi ffrâm haearn bwrw. Roedd hi allan yng nghefn yr ysgol. Byddai'r staff yn mwynhau paned o de arni adeg amser chwarae ar ddydd o haf.

Fi wnaeth gychwyn y cyfan y diwrnod hwnnw drwy eistedd arni. Fe ymunodd y lleill, un ac un nes bod pawb ohonon ni ar ei phen yn y diwedd. Yn sydyn fe glywais i rywbeth yn cratsian. Fe ofnais y gwaethaf ac fe wnes i neidio bant. Wrth i fi wneud hynny fe glywais rhyw glec uchel ac fe chwalodd y ddesg yn deilchion o dan bwysau gweddill y plant.

Plas-y-bryniau fel y mae heddiw

Hafod-hir a'r llyn bychan wnes i ei greu er mwyn denu adar dŵr

'Dacw'r ardal'. Gwastadedd y fferm yng nghesail y bryniau

Ffrindiau a chymdogion ar y clos ar gyfer diwrnod o saethu

Gyda Twm y tarw ar y clos

Rhan o fuches Plas-y-bryniau, cyfuniad o Wartheg Duon Cymreig a tharw Charolais

Y fuches yng nghysgod y coed a blannwyd gan Tad-cu, Nhad a finne

Y lloi ifainc yng nghysgod un o'r siediau

Y defaid yn y llociau ar gyfer dipio

Stabl a sgubor Croeswyntoedd Fawr

Gyda'r hen raca gwair sydd dan gôt newydd o baent llachar

Paratoi i 'ddilyn yr og ar ochr y glog'

Capel Bethania sef Tŷ'r Gân lle clywyd lleisiau

Tystysgrif yn dynodi fy mod i'n Ddinesydd Anrhydeddus o Columbus, Ohio

Michael a David o Oklahoma yn cynrychioli'r pumed genhedlaeth o ymfudwyr Brynele wedi cyrraedd yn ddirybudd

Beddau'r teulu ym Mynwent Nantcwnlle cyn, yn ystod ac wedi'r twtio

Priodas Anne a finne

*Gwawr yn cael ei llusgo ar ei beic
bach gan Cymro'r ci*

*Diwrnod hel tatw, a Gwawr yn
mynnu bod yn rhan o'r cyfan*

*Taith arall i
Gwawr y tu ôl i'r ci*

Gwawr fach gyda'i hen Fam-gu

Gwawr yn ferch fach

Menna yn arwain Gwawr ar gefn Bess

Menna ar ddiwrnod graddio gydag Anne, Gwawr a finne

Gwawr a finne'n perfformio a Menna'n cyfeilio

Rhys a Fflur yn blant gyda'r cŵn bach

Fflur a Rhys bellach yn bobl ifanc

Fflur a Rhys, enillwyr yn Eisteddfod Genedlaethol y Ffermwyr Ifanc yn y ddeuawd ddoniol

Anne a finne ar ddiwrnod cneifio

*Y cloc a stopiodd ar yr eiliad
pan fu farw Nhad*

Anne a finne gyda'r merched, Menna a Gwawr

Anne a finne ym mhriodas Gwawr a Dan

Tad-cu a Mam-gu balch gyda Nel fach

Gwawr a Nel gyda Menna a Fflur

Fflur a Rhys gyda'r babi newydd

Y dreser a brynodd Tad-cu mewn arwerthiant ym mhlas Tŷ Mawr

Cwpwrdd tlysau ym Mhlas-y-bryniau yn orlawn

Gyda Rhys. A fydd dyfodol iddo yma yng nghefn gwlad?

Trannoeth, pan welodd e'r difrod i'r ddesg, roedd
Gwynne Hughes Jones yn gandryll. Fe fu yna lys barn. Fe
holodd bawb er mwyn canfod pwy oedd ar ben y ddesg pan
chwalodd hi. Fe syrthiodd pawb ar eu bai ond fi. Ro'n i'n
dweud y gwir. Ro'n i wedi neidio bant mewn pryd. Ond fe
gafodd pob un flas y wialen, pob un ond fi. Er nad oeddwn
i arni pan chwalodd hi, mae'n siŵr fy mod i'n 'guilty
through association' ac yn euog o 'aiding and abetting'. Mae
Ifan Pen-rhiw, sy'n cadw siop gerllaw, yn dal i fy atgoffa i,
ac yn tystio fod gen i'r ddawn – neu'r lwc – o ddod mas o
bob trybini'n groeniach. Fe wnes i ddysgu athroniaeth
Eirwyn Pontsiân yn ifanc:
    'Os fyddi di byth mewn trwbwl, treia ddod mas 'no fe.'
    Mwynhad arall yr adeg honno oedd cael cymryd rhan
yn y Cwrdd Te Bach, a gai ei gynnal yn Festri Capel
Penuwch, a chael adrodd yno benillion digri ddysgais i gan
Nhad.

Mae rhywbeth bach yn poeni pawb,
Nid yw yn nef yn unman,
A'r hyn sy'n poeni ni ffordd hyn
Yw defed John y Corgam.

Roedd John y Corgam yn gefnder i Nhad. Rhigwm arall
fyddai:

Hen wraig fach yn byw 'Mhentrecagal,
Yn pwyso'n drwm ar ddwy ffon fagal,
Yn cosi'i chôs yn y gwely bob nos
A'i phen yn mynd wigil-di-wagal.

Rhyw ddwli felna oedd yn boblogaidd, a'r gynulleidfa'n
eu dyblau'n chwerthin. Fe ddechreuais i hefyd gymryd
rhan mewn cyrddau cystadleuol. Fe fydde un yng Nghapel

Bethania bob blwyddyn, a phob plentyn yn cystadlu. Roedd yna gwrdd cystadleuol go fawr yng Nghross Inn yn flynyddol hefyd, a deuai beirniaid o safon yno, fel Madam Lynne Richards a Madam Decima Morgan, neu Decima Morgan Lewis yn ddiweddarach. Byddai un wraig â chysylltiadau lleol yn beirniadu, Fel Mag Brynele y cai ei hadnabod. Ei theulu hi wnaeth olynu'r Edwardsiaid yno pan fu farw fy hen, hen dad-cu. Fe briododd Mag i mewn i deulu Osborne Jones, Ystrad Meurig. Roedd hi'n perthyn hefyd i deulu Rosalind Lloyd, Llanbed. Fe briododd Rosalind â Myrddin o Hogia'r Wyddfa. Wedi i fi ganu un tro, cyngor Mag i fi oedd,

'Dechreuwch y dda bob amser, a gorffennwch yn dda; ac os fedrwch chi, gofalwch fod y canol yn dda hefyd.'

Cyngor amlwg, ie, ond cyngor synhwyrol a arhosodd gyda fi gydol fy oes.

Roedd digon i'w wneud yn nyddiau plentyndod, a'r cyfan yn troi o gwmpas y capel a'r Ysgol Sul. Mae'n debyg bod yr achos wedi cychwyn ym Methania cyn 1750; ond yn 1809 y codwyd y capel a'i adnewyddu yn 1832 ac wedyn yn 1872. Clywais gan berthynas fod fy hen, hen dad-cu, Dafydd Brynele wedi cyfrannu'n hael at yr achos adeg yr adnewyddu gan werthu ei geffyl gwedd gorau a chyflwyno'r arian i'r capel. Roedd e'n enwog am ei haelioni. Petai un o'r morynion yn geni plentyn ordderch, fe ofalai Dafydd y cai'r plentyn ei godi yn gymwys ac yn barchus. Pan fu farw dywedir fod torf o ymron i filltir wedi dilyn ei arch i'r capel.

Fe fydden ni, fel teulu, yn mynychu dwy oedfa bod dydd Sul, a rhyw drigain yno'n rheolaidd. Yn wir, ceid cymaint â dwbwl hynny ar achlysuron pwysig fel y Cyrdde Mawr a Chyrdde Diolchgarwch. Byddai'r Sul yn sanctaidd i'r hen bobol yr adeg honno; gwaith y ffarm i gyd i'w baratoi ymlaen llaw ar ddydd Sadwrn; sgubo'r clos, pwlpo, tsiaffo, torri gwanaf o wair a'i roi mewn llywanen a'i gario i'r sgubor. Hyn, wrth gwrs, yn y gaeaf. Yn yr haf, gyda chae o wair yn barod i'w gynaeafu trannoeth, a storm yn bygwth, doedd dim iws cyffwrdd â'r gwair ar y Sabath, hyd yn oed petai rhywun yn gwybod yr ai'r cnwd yn ofer. Cofiaf Nhad yn adrodd pennill y aml:

Peth dwl iawn gen ti, rwy'n gwybod, gwas bach,
Yw peidio â chwiban ar y Sul,
Ond mae parch a thawelwch, coelia di fi
Yn help ar y llwybr cul.

Erbyn heddiw mae'n stori go wahanol. Ystyr yr enw Bethania, mae'n debyg, yw Tŷ'r Gân. Yn y Beibl, Bethania yw'r pentre lle trigai Lazarus, Mair a Martha. Mae yna stori ddiddorol y tu ôl i godi Capel Bethania yn 1809. Yn ôl yr hanes, roedd criw o bobol yn cywain gwair ar dir Nant-cou. Fe glywson nhw sŵn miwsig, yn union fel petai côr o angylion yn canu. Yn y fan honno, fe godwyd capel a'i enwi'n Bethania, a ddaeth yn enw cyffredinol wedyn ar y fro.

Mae'r ardaloedd hyn wedi bod yn ardaloedd diwylliannol erioed. Fe fydde ambell barti'n galw heibio i gynnal noson o adloniant. Un ohonyn nhw oedd Parti Dihewyd. Yn cyfeilio iddyn nhw roedd Myfi, chwaer Hywel Teifi Edwards, a Wil, ei gŵr, yn aelod o'r parti. Mae teulu Hywel a ninnau o'r un gwreiddiau.

Un o sêr Parti Dihewyd oedd bachan o'r enw Thomson a oedd yn chwarae'r llwyau. Wedi dysgu Cymraeg oedd hwnnw. Mae gen i deimlad mai Ifaciwî wnaeth benderfynu aros oedd e. Fe fydde fe'n adrodd jôcs yn ei lediaith ddoniol. Roedd e'n sôn unwaith amdano'i hun yn hollti coed:

'Cafodd fi walop ar y pen a fe es i lawr fel derwen.'

Roedd yna gymaint o bethe diddorol yn digwydd adre, a finne'n eu colli nhw yn yr ysgol. Roedd ganddon ni dractor, a hynny ymhell cyn fy ngeni. Peiriant Americanaidd oedd e, sef 'Case'. Tractor lliw oren oedd e. Roedd enw crand ar y cwmni sef 'J. I. Case Threshing Company'. Nhw oedd y cyntaf i gynhyrchu peiriannau dyrnu, a'r rheiny'n gweithio drwy nerth bôn braich. Ar y diwrnod y cyrhaeddodd y tractor newydd fe ymgasglodd pobol yr ardal i gyd yn un o gaeau Croeswyntoedd i'w weld e'n aredig. Enw'r cae hwnnw hyd heddiw yw Cae Tractor. Mae'n rhyfedd fel mae rhai o'r caeau wedi cael eu henwi. Nôl yn 1956 fe gawson ni haf dychrynllyd o wlyb. Roedd Nhad a Mam a finne a'r gwas wrthi'n ceisio stacano. Roedd hi mor wlyb fel bod gofyn i ni fynd ati i droi'r staciau bob dydd er mwyn ceisio'u sychu nhw'n ddigon da i'w sopyno. Fe fuon ni wrthi am ymron i fis, a hynny'n ofer. Fe bydrodd y cyfan. Enw'r cae hwnnw hyd y dydd heddiw yw Cae Trafferthus.

Cae arall ag iddo enw diddorol yw Waun Dafydd, hwnnw wedi'i enwi ar ôl un o'm cyndeidiau, mae'n debyg. Synnwn i ddim nad Tad-cu oedd e. Ond mae'r hen enwau yma wedi glynu.

Fe fu cael tractor yn ddigwyddiad chwyldroadol. Ceffylau oedd Tad-cu wedi eu defnyddio erioed, felly hefyd Nhad tan hynny. Yn wir, bu'r ddau hefyd yn cadw cobiau ac fe gafodd Nhad gryn lwyddiant yn eu bridio a'u dangos. Fe enillodd wobrau mewn sioeau, yn cynnwys y Sioe Frenhinol ac fe fyddai'n dilyn march.

Ond roedd Nhad yn barod iawn i fentro. Pan oedd ffermwyr eraill yn gyrru peiriannau yn yr hen ddull, sef cael ceffyl i gerdded rownd a rownd gyda shafft yn sownd wrth drôwr neu 'gearing', fe brynodd injan olew i droi peiriannau pwlpo, tsiaffo a malu. Fe ddaeth honno'r holl ffordd o Illinois.

A dyna wneud i ffwrdd yn gyfan gwbl â'r ddibyniaeth ar y ceffyl a fu mor allweddol i waith y fferm. Doedd hynny ddim yn taro deuddeg o gwbwl gyda tad-cu, a oedd wedi treulio oes yng nghwmnïaeth ceffylau.

Tua 1950 fe gafwyd Ffyrgi Fach, a oedd yn eitha modern yn ei dydd gan weithio ar egwyddor 'hydrolics' a 'power take-off'. Daeth yn boblogaidd iawn ar draws y wlad, a dyma finne nawr yn cael cyfle i ddechre ar waith gyda'r tractor. Yn naw oed fe ges i ryddid gan Nhad i ddechrau aredig, a hynny yng Nghae Garreg Wen. Roedd Nhad ar y Fforden Fach gydag aradr deircwys a finne ar y Ffyrgi gydag un ddwygwys. Byth ers hynny bu aredig yn un o'm hoff orchwylion.

Yn ifanc bûm yn cystadlu dipyn ar aredig a chofiaf gystadleuaeth ar y Morfa Mawr, Llan-non. Hwn oedd y tro cyntaf i fi gystadlu a llwyddais i ddod yn ail. Ac enillais y wobr gyntaf yn yr adran i aradwyr ifanc. Pedair ar ddeg oeddwn i, yr ieuengaf ar y cae. Diddordeb amser hamdden amryw yw chwarae golff, pysgota neu ddilyn pêl-droed, efallai. Ond rhowch fi ar dractor mewn cae i'w aredig a dyna nefoedd i mi. Rwy wedi aredig pob modfedd o'r caeau fan hyn droeon. Do, 'fe ddysgais gan fy nhad yn gynnar grefft gyntaf dynol ryw'.

Yn dilyn y troi, neu'r aredig, byddai angen trin y tir ar gyfer hau. Hynny yw, 'dilyn yr og'. Fel rheol byddem yn hau barlys neu geirch, ac weithiau wenith. Ceid ceirch gwyn a cheirch du bach, a chai hwn ei fwydo i'r ceffylau. Weithiau heuem gymysgedd o geirch a barlys sef 'shiprys'. Fel y dywedodd Tilsli:

Gwanwyn a ddug ei gynnydd – a rhoes haf
   Wres ei haul ar feysydd,
    Trwy des Awst, yr ydau sydd
   Yn aur ddylif ar ddolydd.

Hyn oll wedyn yn arwain at y cynhaeaf Medi. Deuai'r beinder allan a dechrau ei baratoi, mynd â'r cynfasau i'w trwsio at y crydd, Isaac Morgan, Y Mownt, Cilcennin. Roedd hwnnw'n briod ag Anti Mary, chwaer Mam. Yna rhaid fydde mynd â'r bladur o gwmpas y cae i dorri'r talarau i wneud lle i'r beinder. Byddai angen rhwymo llafur â llaw a'i wneud yn sgubau. Yna bwrw am y cae, Nhad ar y tractor, Tad-cu ar y beinder a Mam a'r gwas yn stacano. A finne'n cael helpu. Cofiaf glywed i Mam, un Medi, fod wrthi'n stacano drwy'r dydd yng Nghae Pant Dŵr, yna mynd adre i odro â llaw. Yna, cael a chael fu hi iddi gyrraedd cartref ei chwaer, Anti Florence yng Ngwarfelin, Cilcennin ar gyfer geni Eluned, fy chwaer.

Wedi gadael y stacane i sychu ac aeddfedu am ychydig wythnosau, deuai adeg lleuad lawn mis Medi, y Lleuad Naw Nos Olau. Bryd hynny byddem allan drwy'r nos yn sopynno, sef crynhoi stacanau at ei gilydd i wneud naill ai sopyn llaw neu sopyn penglin, a oedd yn ddwbwl y maint. Yna eu gadael eto am gyfnod o tua phythefnos cyn dechrau eu cywain i'r ydlan i wneud helm neu das.

> Teisi bro mor bert is brwyn – a'u hosgo
> Yng nghysgod y derwlwyn,
> Cyfoeth y doeth a fu'n dwy
> O ddigonedd y gwanwyn.

Wedyn deuai adeg dyrnu yn yr hydref ar gyfer darparu bwyd i'r anifeiliaid dros y gaeaf. Dyrnu'r gwanwyn wedyn er mwy cael brig i hau'r flwyddyn honno. A dyna gylch y flwyddyn yn gyfan.

Pan fyddwn yn hau ac yn agor grwn, siarsai Nhad fi i ofalu y byddwn yn gorffen y grwn yn llwyr. Pe na wnawn hynny, deuai marwolaeth i blith y teulu o fewn blwyddyn. Ofergoel? Na, profais hynny. O weld yr egin yn blaguro, gwelwyd bod yna rhibyn moel wedi methu. Digwyddodd hyn deirgwaith. Y tro cynutaf, bu farw Modryb Jane, chwaer tad-cu. Yna, Anti Pol, chwaer Nhad. A'r trydydd tro, Mam.

Ofergoel, medde chi? Wel, beth am hyn? Fe haerai Tad-cu iddo weld Cannwyll Gorff. Fe welodd olau gwan yn dod lawr o gyfeiriad tyddyn y Cwm trwy gaeau Croeswyntoedd Fach ac i lawr heibio Melin Aberdeuddwr ac ymlaen am Gapel Bethania. Yna gwelodd fod y golau'n oedi ger y capel. Trannoeth daeth y newydd fod un o aelodau teulu'r Cwm wedi marw.

Dro arall roedd Tad-cu'n dod adre ar gefn poni ar noson dywyll. Yn sydyn, rhwng Capel Bethania a'r Moelfryn Maen dyma'r poni yn sefyll yn stond a gwrthod yn lân a symud. Yn hytrach tynnai i mewn i ochr y clawdd. Yna clywodd Tad-cu sŵn olwynion hers a cherddediad galarwyr a rhyw fwmian siarad. Aeth ias oer drwyddo, a'r poni wedi delwi'n llwyr. Fe barodd hyn am rai munudau. Yna, wedi i'r cyfan gilio, fe ail-gychwynnodd y poni ar ei thaith tuag adre. Roedd Tad-cu wedi cael profiad o'r Toilu. Daeth newyddion yn fuan am farwolaeth yn y fro ac angladd ym Methania.

Fe fydd yr atgof o fynd i'r ysgol ar fy niwrnod cyntaf yn aros yn fyw yn fy nghof am byth. Gyda ni oedd un o'r ceir cyntaf yn yr ardaloedd. Hen Ostin Ten oedd e, yn dyddio nôl i tua 1934 neu ychydig yn hwyrach. Hynny yw, ymhell cyn fy ngeni i. Ei rif cofrestru oedd EJ 4879. Fe'i prynwyd ef oddi wrth Dai James, Cwm-ann. Ydw, rwy'n cofio'r bore cynta hwnnw'n glir, Nhad a Mam yn awyddus i fi fynd ond Tad-cu'n anfodlon iawn. Fe faciodd Nhad y car allan o'r garej. Rhaid oedd cael garej. Doedd y car ddim i gael ei adael allan yn segur yn y tywydd ar unrhyw gyfrif. Cerdded fydden ni'r filltir a hanner i'r Capel ar ddydd Sul. Dim car. Yr unig amser y câi'r car ei ddefnyddio, ar wahân i achlysuron pwysig, oedd pan fyddai hi'n glawio. Yn amlwg, roedd mynd â fi i'r ysgol am y tro cyntaf yn cael ei ystyried ymhlith yr achlysuron pwysig hynny. Ar y bore cyntaf hwnnw ro'n i yn y car ac yn teimlo fel oen yn cael ei arwain i'r lladdfa. Roedd Nhad ar fin gyrru allan o'r clos pan ddaeth Tad-cu mas o'r tŷ, a dyma waedd:

'Stop!'

Fe agorodd ddrws y car a gwasgu pisyn coron i gledr fy llaw.

'Dyma fi'n cael dy weld ti'n mynd ar dy ddiwrnod cyntaf i'r ysgol,' medde fe. 'Ond wela'i ddim ohonot ti'n gorffen dy ysgol.'

Roedd dagrau yn ei lygaid. Ond roedd e'n iawn. Fe fu e farw pan o'n i'n naw oed. Fe ofynnodd Nhad wrth yr hen Ddoctor Worthington beth fu achos y farwolaeth. Ateb syml hwnnw oedd:

'Wear and tare, Edwardth bach, wear and tare.'

Mae'r hanesion am Tad-cu yn dal yn chwedlau. Un tro sylweddolodd fod rhywun yn dod i mewn i'r sgubor ambell noson i ddwyn bwyd yr anifeiliaid. Yn nrws cefn y sgubor roedd twll ar gyfer gwthio bys i agor y latsh. Fe hongianodd Tad-cu drap agored y tu mewn i'r drws. Y bore wedyn fe ganfu Tad-cu'r lleidr, un o'i fysedd yn sownd yn y trap a'i law wedi chwyddo gormod i'w thynnu mâs.

Gadawodd Tad-cu wacter mawr ar ei ôl. Yn union fel oedd y coed ffawydd a blannwyd ganddo ef a'i dad i gysgodi'r ffarm, roedd yntau wedi'n cysgodi ni blant rhag pob niwed. Ef fu ein hatalfa ni rhag pob stormydd a gwyntoedd croes. Roedd e fel coeden gysgodol a'i freichiau cedyrn fel canghennau yn ein gwarchod. Ef, yn wir, fu'n gyfrifol bod fy ngwreiddiau'n dal yn ddwfn yn naear Bethania.

4

Y llon a'r lleddf

Yn blentyn, wnes i ddim cystadlu mwy nag unrhyw blentyn arall. Adrodd neu ganu cân fach syml mewn ambell gwrdd cystadleuol lleol fyddai fy eithaf. Y perfformiad hwnnw o ddrama 'Bugail Aberdyfi' yn nyddiau'r ysgol fach wnaeth droi'r fantol o ran mwynhau perfformio'n gyhoeddus. Ond ar lwyfan eisteddfod yr ysgol fawr yn Aberaeron y gwnes i gystadlu o ddifri am y tro cyntaf erioed. Ond y gwir amdani yw mai doniol, yn hytrach na difrifol, fu'r perfformiad hwnnw. Fe fedra i gofio'r achlysur hwnnw fel petai wedi digwydd ddoe ddiwethaf. Y gân oedd 'Mentra Gwen'. Ceiriog oedd yr awdur unwaith eto a'r dôn yn draddodiadol. Fe wyddwn i fod yna un bachgen yn y dosbarth â llais arbennig o dda, tra nad oedd fy llais i ar ei orau bryd hynny, am ei fod ar dorri. Ond roedd gen i ddigon o hyder i wneud iawn am hynny a dyma fwrw'i mewn iddi:

Amdanat ti mae sôn,
Wennaf Wen, wennaf Wen,
O Fynwy fawr i Fôn,
Wennaf Wen ...

Ymlaen â fi drwy'r gân, ac yna dod at y diwedd:

... Yn wraig yng Nghastell Crogen
I'w barchu ef a'i berchen,
A chymer fi'n y fargen,
Da ti mentra, mentra Gwen.

Ac wrth daro'r 'mentra' ddwywaith yn y llinell olaf, dyma fi'n pwysleisio'r gair ac yn actio'r peth yn ddramatig, fel petawn i mewn opera. Yn wir, fe wnes i oractio, ac mi weithiodd. Dyma'r gynulleidfa'n chwerthin ac yn cymeradwyo a'r Prifathro, J. T. Owen, arweinydd yr eisteddfod, yn ei ddyblau. Fe fedrwn i ei glywed e'n beichio chwerthin y tu ôl i'r llenni. Ac yno y buodd e'n chwerthin am hydoedd. O'r diwrnod hwnnw ymlaen drwy'r ysgol fe ges fy medyddio gyda'r llysenw 'Mentra Gwen'.

Erbyn y flwyddyn ddilynol roedd fy llais i wedi dechre aeddfedu. Y gân wnes i ei dewis y flwyddyn honno oedd 'Weli di, weli di Mari fach'. Hen gân werin yw hi sy'n cael ei hadnabod fel 'Cân y Melinydd'. Roedd hi'n gân addas iawn i fi, yn llawn o gyfeiriadau at ffarmio:

> Mae gen i dŷ cysurus
> A melin newydd sbon
> A thair o wartheg brithion
> Yn pori ar y fron.

Wedyn y gytgan:

> Weli di, weli di, Mari fach,
> Weli di, weli di, Mari fach,
> Weli di, Mari annwyl.

Ar gyfer eisteddfod yr ysgol roedden ni'n cael ein rhannu'n dri thŷ: Tan-y-fron, Tyglyn a Portland. Yn Nhŷ Portland yr oeddwn i am fod perthnasau wedi bod yn aelodau o 'mlaen i. Dyna oedd y traddodiad.

Yn ein dysgu ni ar y canu roedd Elaine Lewis. Hen ferch oedd Elaine, gwraig awdurdodol iawn. Roedd hi'n hyfforddwraig ardderchog, ac fe wyddai hi erbyn hyn fod gen i ryw fath o dalent canu. Un dydd roedd y dosbarth yn

ymarfer ar gyfer yr eisteddfod ac yn cael ein galw fyny i
ganu yn ein tro. Fe ddaeth fy nhro i. Ro'n i'n gwisgo cot
newydd, blêsyr. Fel jôc, am fod gen i flêsyr newydd, dyma
fi'n agor mâs a chanu, gan ddal adain y got allan:

Weli di nghot i, Mari fach,
Weli di nghot i, Mari fach,
Weli di Mari annwyl.

Roedd Elaine wedi troi ei chefn ac ar fin gadael y stafell pan
gamddeallodd un gair yn arbennig. Fe drodd rownd â
golwg hanner gwên ar ei hwyneb gyda cherydd i fi:
'Now, now, there's no need for that! Keep it clean
Dafydd', medde hi.
Unwaith eto, fe chwarddodd pawb.
Fe welwch chi'n aml ddisgyblion sydd â dawn mewn
canu yn cadw draw oddi wrth y gwersi chwaraeon. Ond yn
fy achos i, fe fyddwn i'n hoff iawn yn yr ysgol o redeg rasys
traws gwlad. Fe wnes i feddwl llawer am hyn yn
ddiweddarach. Tybed a oedd yna rywbeth yng nghefn y
meddwl hyd yn oed bryd hynny yn dweud y dylwn i
gryfhau'r ysgyfaint ar gyfer y canu oedd i ddod? Synnwn i
ddim. Wir i chi, fe wnes i ennill sawl râs. Y gwahaniaeth
mawr oedd fod y rhai oedd yn cymryd athletau o ddifrif
yno yn eu eu sgidiau a'r shorts pwrpasol, tra fi yn fy
nhrowser ysgol a'm sgidiau hoelion trwm.
Ond nôl at ddyddiau ysgol. Bryd hynny roedd athro
amaethyddiaeth yn Aberaeron sef John Evans. Byddem yn
codi tatws a phob math o wraidd-gnydau, yn cynaeafu
gwair, tyfu mefus. Roedd yno berllan afalau a hyd yn oed
ychydig ddefaid, brîd Llanwenog. Rwy'n cofio unwaith hau
gwahanol fathau o gêl mewn rhychiau o tua 20 llathen yr
un gyda phren bach bob pen i'r rhychiau'n nodi'r math
arbennig oedd ym mhob rhych. Roedd yno, er enghraifft,

'Thousand Headed' a 'Narrow Stem' a 'Broadleaf' ac ati. Un prynhawn, a ninnau'r dosbarth allan gyda'r athro, cawsom dasg ganddo i geisio cofio enwau'r gwahanol fathau gan y deuai, cyn hir, brawf ar ein gwybodaeth mewn arholiad. Ond yn y cyfamser roedd rhywun wedi cymysgu'r pegiau ar ochr y rhychiau nesaf at y llwybr, a'r athro wedyn yn eu tynnu o'u lle a'u gosod ben i waered fel na fedrem ddarllen yr enwau.

'Nawr te, Penuwch', medde'r athro (am ryw reswm, dyna'i enw arna'i) 'beth yw enwau'r math sydd yn y tair rhych yma?'

Ceisiais eu henwi. Ond na, mynnai fy mod i'n anghywir.

'Nagw, wir i chi', atebais. 'Fi sy'n iawn'.

'Wel', medde fe, 'rhaid i ni brofi'r peth. Fe awn ni lawr i ben isa'r rhychie i weld pwy sy'n gywir'.

Ac wrth gwrs, fi oedd yn gywir. Ac yna fe sylweddolodd beth oedd wedi digwydd.

'Mae rhyw gythrel wedi bod wrthi'n newid yr enwau 'ma', medde fe.

Chafodd e byth wybod pwy. Tybed pwy oedd y drwgweithredwr? Oes angen gofyn?

Tua'r un adeg daeth cais gan Radio Cymru i ddod i'r ysgol i sgwrsio â rhai o'r disgyblion am y gwersi amaeth, ac am ddefaid yn arbennig. Fe ddaeth y cais lawr oddi wrth J.T. Owen i John Evans ddewis un o'i ddisgyblion i ddod i'r cyfweliad.

'Penuwch!' medde fe. 'Fe geith Penuwch siarad!'

A fi fu'n trafod gyda Teleri Phillips am ragoriaethau Defaid Llanwenog.

Caem dipyn o hwyl yn Ysgol Aberaeron. Cofiaf yn dda am un digwyddiad yn arbennig. Ar ôl gwers ymarfer corff, fe aem wedyn am gawod mewn man lle'r oedd y nenfwd yn weddol isel, ac fe ai'n gystadleuaeth i weld pwy fedrai gicio'r gorchudd lamp oedd yn hongian o'r nenfwd. Fe lwyddais i wneud hynny, a dyma weddill y criw yn bwrw ati, Eurwyn Cilie Uchaf, Dewi Pilbach, Michael Lôn, Emyr

Trefynnor, Ifan Penrhiw a Dilwyn Talgarreg. Pan ddaeth tro Dilwyn, fe giciodd e'r golau nes torri'r gorchudd. Ac yn sgil y gic fe syrthiodd nôl ar 'i gefen a tharo'i ben ar y llawr. Clîn owt! Anymwybodol! Fe ddechreuon ni boeni am gyflwr Dil, a rhywfaint am y lamp. A dyma'r athro ymarfer corff yn cyrraedd. Pan ddadebrodd Dil, gorfu iddo wynebu'r prifathro, J. T. Owen a chyfaddef ei weithred. Y ddedfryd oedd dod â gorchudd lamp newydd i'r ysgol trannoeth.

Y bore wedyn fe ddaeth Dil â'r gorchudd lamp a mynd ag e at y prifathro. Fe wnaethon ni, wrth gwrs, ddilyn a gwrando o hirbell. Fe wnaethon ni sylwi fod Dil wedi prynu'r gorchudd lamp mwyaf drudfawr a lliwgar oedd yn y siop, yn ffrils a thrimins i gyd. Ymhen eiliadau dyma floedd o stafell y prifathro, bloedd o chwerthin iach wrth iddo weld y fath orchudd. Wrth gwrs, bu'n rhaid i Dil fynd nôl i'r siop i gyfnewid y gorchudd am un oedd yn fwy addas i stafell newid y gampfa.

Adre, wrth gwrs, fe fyddai gwaith yn fy nisgwyl. A chymaint oedd fy awydd i fod yno fel y byddwn, ar adegau, yn mynd i'r ysgol ar fy meic. Adeg arholiadau tymor yr haf fyddai hynny. Y syniad oedd y medrwn, pan fyddwn wedi gorffen rhyw arholiad neu'i gilydd, adael yr ysgol yn gynnar yn lle disgwyl am y bws. Roedd pethe pwysicach yn fy nisgwyl adre, defaid i'w cneifio, gwair i'w dorri, ei ysgwyd neu ei felio. Ond y peth pwysig oedd, byddai Margaret a Luned yn gorfod teithio ar y bws, a finne'n ennill rhyw hanner awr arnyn nhw. Byddwn yn chwys drabŵd wrth bedlo. Ond fe ymdrechwn ymdrech deg.

Tua'r adeg hon wnes i ddechrau cystadlu yn eisteddfodau'r Urdd. Y tro cyntaf i mi lwyddo ar lefel sirol a mynd ymlaen i Brifwyl yr Urdd oedd yn 1958, ar ôl ennill ar yr unawd bechgyn dan 15 oed. Nawr roedd taith i'r Wyddgrug o'm blaen.

Roedd hwn yn achlysur digon pwysig i Nhad ddod â'r car allan o'r garej a'i lanhau cyn mynd â fi yno. Ro'n i wedi ennill ar yr unawd i fechgyn dan bymtheg oed yn Eisteddfod y Sir. Newydd gael ffôn yn y tŷ oedden ni. Rwy'n cofio iddo fe, y noson cyn y siwrne, ffonio'r gyfnewidfa deliffon yn gofyn am alwad am dri o'r gloch y bore, rhag ofn na wnâi'r cloc larwm wrth ymyl y gwely ganu. Doedd e ddim am adael unrhyw beth i siawns.

Fe ddechreuon ni o Groeswyntoedd ychydig cyn hanner awr wedi pedwar y bore, er mwyn cyrraedd y rhagbrofion erbyn hanner awr wedi wyth. Wythnos cyn hynny, fe fu Nhad yn craffu'n fanwl ar y teiers i weld a oedden nhw'n ddigon da ar gyfer y daith hir a oedd o'n blaen ni i'r gogledd pell. Roedden nhw braidd yn llyfn ac ar un roedd tamaid bach o'r cynfas gwyn yn dangos drwy'r rwber. Ond fe benderfynodd fod y teier hwnnw mewn cyflwr rhy dda i'w newid. Teimlai ei fod e'n ddigon da ar gyfer o leiaf un siwrne arall. Doedd dim angen gwario heb angen, oedd e?

Ar y ffordd fe gafwyd y stop cynta yn yr arosfan cyn dod i mewn i Fachynlleth. Allan ag e gan dynnu ei law ar hyd y teiers rhag ofn eu bod nhw wedi twymo gormod. Fel hynny y bu hi ar hyd y ffordd fyny, stop yma ac acw, nawr ac yn y man, er mwyn medru anwesu'r teiers.

Fe gyrhaeddon ni'r rhagbrawf gydag amser yn sbâr. Pedwerydd ddes i yn y rhagbrofion, y nesaf at y llwyfan. Rhys Jones oedd yn cyfeilio. Fe aeth at Nhad wedi i fi ganu a dweud fod gen i ddyfodol disglair. Roedd derbyn canmoliaeth gan Rhys bron iawn cystal â chael llwyfan. Y darn gosod oedd 'Cân Sobri'.

Dydd Llun, dydd Mawrth, dydd Mercher
Y bûm i'n treulio f'amser,
Wyddwn i ddim fy mod i ar fai
Nes daeth dydd Iau, dydd Gwener.

Fe gyrhaeddon ni adre'n saff, er bod y patshyn gwyn ar y teier wedi lledu gryn dipyn erbyn hynny. Fe fu'r car cynta hwnnw gyda Nhad am chwarter canrif cyn iddo'i newid am Ostin arall yn garej Dai Cwmann. Wedi'r holl flynyddoedd, dim ond tua 45,000 oedd ar y cloc. Y daith honno i'r Wyddgrug, mae'n rhaid gen i, oedd y daith hiraf a wynebodd yr hen gar erioed. Ond o hynny ymlaen fe newidiodd Nhad ei gar yn amlach. Doedd y ceir modern ddim yn para cystal â'r hen Ostin gwreiddiol.

Wedi hynny enillais droeon yn Eisteddfod yr Urdd, saith gwaith i gyd, a hynny'n olynol – ar yr unawd ac ar y cerdd dant – Rhuthin 1962, Caerfyrddin 1963, Porthmadog 1964, Caerdydd 1965, Caergybi 1966, Caerfyrddin eto 1967. Ac yn uchafbwynt ar y cyfan, Llanrwst 1968 lle'r enillais ar yr unawd cerdd dant a chipio'r wobr gyntaf ar y ddeuawd gydag Ifor Lloyd yn canu 'Cân yr Utgorn'. Bu Ifor yntau'n fuddugol ar yr unawd bâs/bariton. Yna croesais yr oedran cystadlu yn eisteddfodau'r Urdd.

Roedd y cystadlu yn hwyl ac yn ddifyrrwch, a'r gwmnïaeth gawn yn yr eisteddfodau'n felys iawn. Y criw arferol oedd yn mynd o steddfod i steddfod bryd hynny oedd Dai (Jones) Llanilar, Ifor Lloyd, Angela Rogers Lewis (Davies wedyn), Carol Jones (Davies wedyn), Len Williams, Alun Jenkins, Bili Morris a Defi Ty'n Llwyn a'r gylchdaith fyddai eisteddfodau Capel y Groes Llanwnnen, Crug y Bar, Talgarreg, Tregaron, Llanilar, Pontrhydygroes, Pumsaint, Rhydlewis a'r Borth. Roedd yna gystadleuaeth arbennig, Cwpan Coffa Gwyn Jenkins, sef Cwpan Her yn y Borth bryd hynny. Roedd Gwyn yn unawdydd gwych a fu farw'n ifanc. Fe enillais i'r gystadleuaeth bedair gwaith yn olynol a chael replica o'r tlws i'w gadw bob blwyddyn.

Roedd gan bob eisteddfod ei chyfeilydd swyddogol. A'r brenin oedd Ted Morgan, Llandysul. Fe fedra'i ei weld e nawr mewn rhyw neuadd bentref yn anwesu'r nodau tra'r llwch o'i sigarét yn disgyn fel plu eira mân dros yr allweddau. Pan fydde'r eisteddfod mewn capel, wrth gwrs, fe âi allan am smôc. Doedd neb yn debyg i Ted am gyfeilio i solo. Ond o osod darn cerdd dant o'i flaen, roedd e ar goll.

Weithiau fe fydde dwy eisteddfod yr un noson, fel Llanilar a Llanddewibrefi, a dwi'n cofio ar ambell dro ddod adre â chymaint â phedwar cwpan yr un noson. Byddwn mewn cymaint o gyffro fel y byddwn yn dihuno Nhad a Mam yn oriau mân y bore i ddangos y tlysau iddyn nhw. Un o'r llefydd pella wnes i deithio iddo i gystadlu oedd Eisteddfod Butlins, Pwllheli a hynny ddwywaith. Ond eithriad fyddai mynd mor bell.

Fe aeth cystadlu'n fater mwy difrifol pan gychwynnwyd eisteddfodau mawr Pantyfedwen ym Mhontrhydfendigaid, Llanbed ac Aberteifi yn y chwe degau. Roedd y gwobrau mor uchel fel bod ennill yn dod yn rhywbeth pwysicach fyth. Gynt, rhyw bunt neu ddwy fydde'r wobr ariannol. Ond fe ddaeth y gwobrau mawr yn abwyd. Meddyliwch, medru ennill canpunt a mwy am solo! Roedd hyn yn arian seriws, fel cyflog mis.

Yn aml, Nhad fydde'n gwmni yn mynd â fi o steddfod i steddfod yn ystod y blynyddoedd cynnar. Roedd e'n ddwl am wrando ar ganu ac adrodd, a Mam hithau'r un fath. A'r ddau'n gefnogol tu hwnt.

Pan ddechreuais i gymryd pethe fwy o ddifrif, fe es i ati i ddysgu darllen cerddoriaeth, gan ddod yn weddol rugl yn hynny o beth. Digon da i ddysgu cân, o leiaf. Rwy wedi difaru na fyddwn i wedi cymryd at y piano fwy o ddifrif. Fe wnes i gychwyn derbyn gwersi pan own i tua deuddeg oed, ond wnes i ddim dyfalbarhau. Yn wir, wnes i ddim dysgu chwarae unrhyw offeryn. Fe fyddai'r delyn wedi bod yn ddefnyddiol. Ac yn anffodus wnes i ddim parhau i dderbyn gwersi piano gan Mrs Jones, Bridport draw yng Nghilcennin. Roeddwn i a'm dwy chwaer yn derbyn gwersi gan Mrs Jones ac mae'n debyg mai fi oedd y disgybl mwyaf addawol, a'r mwyaf anfodlon. Ond yna dyma achubiaeth. Gorfu i Nhad dderbyn llawdriniaeth ar y pendics ac fe ddaeth stop ar y gwersi piano. Fe ddisgynnodd mwy o gyfrifoldebau'r ffarm ar fy ysgwyddau ifanc. Ew, dyna falch o'n i! Do, fe ddaeth bendith o bendics Nhad. Mae rhyw dda'n dod o bopeth, medden nhw. Ond wedyn, flynyddoedd yn ddiweddarach fe wnes i sylweddoli'r golled.

A finne tua'r deunaw oed, roedd y llais, fel finne'n ifanc. Dyma benderfynu mynd at yr Athro Redvers Llewellyn yn y Coleg yn Aberystwyth i ddechrau derbyn hyfforddiant. Fe fydde Nhad yn fy ngyrru i fyny unwaith yr wythnos. Roedd Redvers yn ganwr a oedd yn deall ei grefft. Er nad oedd e'n medru'r Gymraeg roedd ei rieni'n Gymry pur. Redvers oedd fy athro lleisiol cyntaf.

Un o ffigurau mawr yr eisteddfodau cynnar hynny oedd y baswr, Lloyd Tal-y-bont. Roedd Lloyd wedi'i eni i fod yn berfformiwr. Fe fyddai'n cyrraedd pob eisteddfod yn cario'i fag miwsig â dalen o'r copi'n hongian allan. Gwisgai ddici bow ddu, a mwstash wedi'i glipio'n berffaith yn union fel rhyw Sarjiant Mejor awdurdodol. Ac roedd ganddo fe daran o lais. Mae un atgof amdano'n dal yn glir o hyd. Ro'n i wedi ennill o dan un ar hugain yn eisteddfod Lledrod a dyma Dai – David Lloyd Davies oedd ei enw'n llawn – yn rhoi ei law ar fy ysgwydd yn dadol.

'Gwranda, ti'n swno'n dda, achan. Gwed wrtha'i nawr 'te, faint fyddet ti'n fodlon 'i dalu i fi am roi cwpwl o lesyns i ti?'

Ie, cymeriad. Ro'n i'n meddwl y byd ohono fe. Ac o ran perfformiwr doedd neb allai ddod yn agos ato. Fe fyddai wedi gwneud actor gwych. Oedd, roedd Dai yn un o'r cymeriadau mwyaf lliwgar o blith y bobol hynny oedd yn rhan o'r gylchdaith eisteddfodol. Er hynny, penderfynu aros gyda Redvers fel athro lleisiol wnes i.

Roeddwn i hefyd yn aelod o Glwb Ffermwyr Ifanc Cross

Inn, gan gystadlu ddim yn unig ar lwyfan ond mewn gweithgareddau eraill hefyd. Fe wnes i a chyfaill, un o fois Sgubor-fach ennill y gystadleuaeth cneifio i barau yn Rali'r Sir. Wedyn fe wnaethon ni gystadlu yn y Sioe Frenhinol dros Gymru a dod yn ail. Fe fues i'n Gadeirydd y Clwb lleol am gyfnod a phleser mawr heddiw yw bod yr wyrion Fflur a Rhys yn weithgar iawn gyda Chlwb Llangeitho. Mae mudiad y Ffermwyr Ifanc yn gwneud gwaith canmoladwy iawn gydag ieuenctid cefn gwlad. Boed hir barhad iddyn nhw.

Mae gen i gof da am aeaf caled 1963, pan wnaeth y lluwchfeydd oedi am fis neu ddau, a dim sôn am na ffyrdd na lonydd. Yr unig ffordd fedrwn i deithio i gyfarfodydd y clwb oedd ar dractor, gyda'r linc-bocs y tu ôl. Roedd yr eira wedi rhewi mor galed fel y gallai'r tractor deithio ar ei wyneb yn hawdd. Fe awn o gwmpas ardal Bethania i gasglu'r aelodau yn y bocs a'u cario dros gloddiau ac ar draws y caeau. Hynny yw, tynnu llwybr tarw.

Y tractor oedd gen i oedd *David Brown 30D*, a ro'n i'n meddwl y byd ohono. Nhad brynodd e yn yr Automobile Palace yn Llandrindod drwy law Dai Davies, y rheolwr-werthwr. Fe ddaeth y gŵr hwnnw'n ffrind mynwesol i ni fel teulu ac mae'n dal i fod felly heddiw. Mae e dros ei 90 oed erbyn hyn ac wedi bod yn gwmni i fi ar ambell daith i America. Mae'n ddyn sy'n ddwl am ganu. Nôl yn nyddiau fy ieuenctid fe ges i anrheg gan Dai – bathodyn, pin tei a phâr o gyfflincs â'r llythrennau '*DB*' sef *David Brown* arnyn nhw. A finne, yn naturiol, yn eu gwisgo nhw'n barchus, yn enwedig pan awn i steddfota. Ond ymhen tipyn fe sylweddolais fod yna siarad a sisial yn digwydd y tu ôl i nghefn i. Teimlwn yn annifyr ond heb wybod beth oedd achos hyn oll;. Yna deallais fod rhai'n tybio mai ystyr y ddwy lythyren ar y tlysau hyn oedd 'Dafydd Bethania'!

Byddwn yn cystadlu llawer yn yr Ŵyl Gerdd Dant. Yr un a fu'n gyfrifol am greu'r diddordeb oedd Llinos Thomas, a ddaeth yn ddiweddarach yn wraig i mi. Athrawes yn yr ysgol Gymraeg yn Aberystwyth oedd Llinos. Fe'i penodwyd hi wedyn i fod yn Ddirprwy Brifathrawes. Roedd hi'n byw i gerddoriaeth. Roedd ei chôr hi yn yr ysgol yn ennill ym mhobman. Felly hefyd unigolion, deuawdau a phartïon. A doedd neb yn debyg am gyfarwyddo cân actol. Ond cerdd dant oedd yn goron ar bopeth. Roedd hi'n hyddysg yn y gamp, a dyma, mi gredaf, a greodd ynof y cariad at farddoniaeth. Fe wnes i gymryd at gerdd dant fel pysgodyn at ddŵr. Ro'n i wrth fy modd yn canu croes acen. Fy hoff ddarn yn y dyddiau hynny oedd cywydd hyfryd B. T. Hopkins, 'Rhos Helyg', sy'n disgrifio bro'r Mynydd Bach, sef yr ardal hon.

> Lle bu gardd, lle bu harddwch,
> Gwelaf lain â'i drain yn drwch;
> A garw a brwynog weryd
> Heb ei âr a heb ei ŷd.

> A thristwch ddaeth i'r rhostir –
> Difrifwch i'w harddwch hir;
> Ei wisgo â brwyn a hesg brau,
> Neu wyllt grinwellt y grynnau,
> Darnio ei hardd, gadarn ynn
> A difetha'i glyd fwthyn!

> Rhos Helyg, heb wres aelwyd!
> Heb faes ir, ond lleindir llwyd,
> A gwelw waun unig, lonydd
> Heb sawr y gwair, heb si'r gwŷdd.

> Eto hardd wyt ti o hyd
> A'th oer a'th ddiffrwyth weryd,
> Mae'n dy laith a diffaith dir
> Hyfrydwch nas difrodir...

Roeddwn i tua un ar hugain oed pan ddechreuais gystadlu yn y Genedlaethol fawr, a chael llwyddiant yno hefyd – yn Abertawe yn 1964 a'r Barri yn 1968. Mae amryw yn gofyn a ges i fy nhemtio erioed i fynd i goleg cerdd neu droi'n broffesiynol. Wel, pan o'n i ond tua deunaw i ugain oed ro'n i mewn rhagbrawf ar yr unawd tenor. A dyma ddyn dieithr, Eidalwr yn dod ata'i a rhoi ffurflen i fi ei darllen a'i llenwi. Ffurflen gais oedd hi a allai olygu y cawn i fynd i'r Eidal i gael fy hyfforddi ac yna perfformio yno. Fe es i adre â'r ffurflen. Roedd Nhad yn daer i fi fynd. Gwrthod wnes i.

Na, y cefn gwlad oedd y lle i fi. Roedd ffarmio yn fy ngwaed. Ac wrth edrych nôl, rwy'n siŵr y gwnawn i'r un peth eto. Dw'i ddim wedi difaru dim. Er i fi aros yn y filltir sgwâr, rwy wedi teithio'n helaeth ar draws y byd, diolch i'r canu. A hynny heb orfod troi'n broffesiynol.

Cyfnod byr wnes i ei dreulio'n cystadlu. Er hynny, mae gen i lond cwpwrdd o dlysau yn y tŷ yn tystio i aml i lwyddiant. Yn y cyfnod byr ond llwyddiannus hwnnw fe wnaeth Dennis Rees o Recordiau'r Dryw, Llandybie ffonio un diwrnod. Roedd e'n awyddus i alw i ngweld i, ac fe wnaeth. Ac fe drefnwyd i wneud record. Recordiau E.P., neu *Extended Play* yn cynnwys, fel arfer, bedair cân oedd yn boblogaidd bryd hynny. Un o'r caneuon hynny oedd 'Dacw'r Ardal, Dacw'r Hafan' ar yr alaw 'Jesu, joy of man's desiring' gan Bach. Roeddwn i wedi canu cryn dipyn ar hon mewn eisteddfodau. Yn wir, fe ddaeth yn rhyw fath o arwyddgan i fi. Pan ddeuai cystadleuaeth yr emyn, fe wyddai'r gynulleidfa beth fyddai'r dewis cyn i'r cyfeilydd daro'r nodyn agoriadol. A bu'r emyn hwn yn lwcus iawn i fi ar lwyfannau gwahanol eisteddfodau.

Dacw'r ardal, dacw'r hafan,
Dacw'r nefol hyfryd wlad,
Dacw'r llwybr pur yn amlwg
'R awrhon tua thŷ fy Nhad;
Y mae hiraeth yn fy nghalon
Am fod heddiw draw yn nhref,
Gyda myrdd sy'n canu'r anthem,
Anthem cariad, 'Iddo Ef".

Roedd yr ail bennill lawn mor wefreiddiol:

Yn dy waith y mae fy mywyd,
Yn dy waith y mae fy hedd,
Yn dy waith yr wyf am aros
Tra bwyf yr ochr hyn i'r bedd;
Yn dy waith ar ôl mynd adre
Trwy gystuddiau rif y gwlith,
Moli'r oed fu ar Galfaria,
Dyma waith na dderfydd fyth.

Mae'n rhyfedd iawn, ond mae rhywbeth yn lleol yn yr emyn i fi. Er bod Pantycelyn yn sôn am y nefol wlad, mae'r bröydd hyn lle magwyd fi yn frith o enwau Beiblaidd. Dyna bentref Nebo gerllaw. Yn yr ardal honno hefyd mae yna dai ag enwau sydd ag iddyn nhw naws Beiblaidd fel Yr Aifft, Asia Minor a Chanan. Yng Nghanan oedd gwreiddiau Tad-cu ar ochr Mam. Uwchlaw Talsarn mae Eden, lle methodd Ewythr Jâms droi'r tro ar ei feic. Yn ardal Cilcennin i'r cyfeiriad arall mae 'na Fethlem. Heb fod ymhell wedyn i gyfeiriad y Mynydd Bach mae ardaloedd Joppa a Moriah. Joppa yw'r hen enw ar ddinas Jaffa heddiw tra mae yna ddau Foriah yn yr Hen Destament. Yn y naill y gwnaeth Abraham baratoi i aberthu ei fab Isaac tra yn y llall y cododd Solomon ei deml.

Gan i fi gyfeirio at Asia Minor rhaid sôn am Daniel Rowlands, cymeriad mawr a fu'n byw yno. Fe fydde fe'n arddel perthynas â'r diwygiwr mawr o'r un enw ond fe fydde'r Daniel hwn o flaen y llys byth a hefyd. Un tro, o glywed ei enw, fe ddywedodd y Cadeirydd,

'Daniel Rowlands, ife? Wel, mae'ch caractyr chi wedi cyrraedd yma o'ch blaen chi!'

'Wel diolch yn fowr i chi, Syr, am roi gwbod i fi lle'r odd e,' medde Daniel. 'Ro'n i wedi'i golli fe ers llawer dydd.'

Y man uchaf ar ein tir ni yw Banc Croeswyntoedd, ac mae'r hen lefydd hyn i'w gweld i gyd oddi yno. Fe fyddai'n mynd yno'n aml i edrych ar y wlad o gwmpas gan fedru gweld yn bell, bell tu hwnt hefyd. Ar ddiwrnod digwmwl mae amlinell Bae Ceredigion i'w weld yn glir o'i gopa.

Hen linell bell nad yw'n bod,
Hen derfyn nad yw'n darfod.

Fe fedra'i, o ben y banc, weld Ynys Enlli a thrwyn Pen Llŷn. Mae'r Wyddfa i'w gweld, Cader Idris wedyn lawr hyd at waelodion Ceredigion, y Cei Newydd a thu hwnt at Fanc y Cilie. I'r dwyrain fe alla'i weld Mynyddoedd Elenydd a thu hwnt i'r rheiny, i'r de-ddwyrain, Bannau Brycheiniog. Mae'r panorama cyfan yn ymestyn o'r Wyddfa yr holl ffordd i'r Bannau, hynny yw, trichwarter Cymru, cymaint â saith neu wyth sir. Rwy wedi dweud droeon mai yno ar y banc y dymunwn i gael fy nghladdu, er bod y teulu wedi eu claddu ym mynwent Bethania.

Darn arall o gerddoriaeth a fu'n llwyddiannus i fi, ac a gynhwyswyd ar yr E.P. oedd 'Yr Hen Rebel'. Mewn cyngerdd yng nghapel Bwlchllan wnes i ganu'r darn gyntaf ac mi gododd y to. Fe anfarwolwyd 'Yr Hen Rebel' gan Richie Thomas. Yr uchafbwynt i fi oedd yr ail-adrodd ar y diwedd:

Mi ganaf ... Mi ganaf Dy glod yn oes oesoedd
Am achub hen rebel fel fi.

Fe fyddwn i'n dal y cymal 'yn oes ... oesoedd ... am
hydoedd cyn dod at y llinell olaf. Mae'r anadl wedi bod yn dda gen i erioed, er gwaetha'r
ffaith i fi smocio pib am flynyddoedd. Yr hyfforddwr, yn
anad neb, a wnaeth ddysgu'r gamp o amseru a dal yr anadl
oedd Gerald Davies. Roedd e'n denor hyfryd a bu'n byw yn
Ffos-y-ffin gerllaw am gyfnod. Yn wir, bu Ifor Lloyd a
finne'n mynd lawr ato am gyfnod yr holl ffordd i Gaerdydd
am wersi. Ei bregeth fawr e bob amser oedd:
'Sing from the diaphragm, Dafydd.'
Cyngor rhagorol.

Mae gen i ffrind annwyl iawn yn byw yn Sir Fôn, y
Parchg Emlyn Richards, un o bregethwyr mawr Cymru
heddiw. A phan fyddai'n dod lawr ar ei dro i bregethu i
gapel bach Soar y Mynydd, mi fyddai yn rheolaidd yn
gofyn i fi ganu'r 'Hen Rebel'.

Rhwng y canu a gwaith y fferm roedd bywyd yn orlawn.
Ond i ganol y bwrlwm fe ddaeth newydd drwg am Llinos.
Y newydd gwaethaf posib, mewn gwirionedd. Yn sydyn ac
yn gwbl annisgwyl cawsom wybod ei bod hi'n dioddef o'r
cancr. Ond er gwaethaf y salwch, bu'n dysgu bron hyd y
diwedd. Dim ond un mis ar ddeg oedd ein merch, Menna
pan fu farw Llinos. Hwn fu cyfnod mwyaf anodd fy
mywyd. Ac yn ben ar y cyfan, trawyd Nhad yn wael ac
ymhen ychydig dros flwyddyn bu farw yntau ym mis
Chwefror 1973.

Pan fu farw Nhad cafwyd dau ddigwyddiad sy'n dal yn
anesboniadwy. Roedd Tad-cu wedi gadael y cloc mawr a'r
dreser i fi ar ôl dyddiau Nhad. Cloc Tad-cu oedd e mewn
mwy nag un ystyr. Yn ôl yr hanes fe ddaeth yr hen gloc yn
wreiddiol o blas Tŷ Mawr. Mae'r cloc a'r dreser yn sefyll yn

y lolfa ym Mhlas-y-Bryniau o hyd. Ac ar yr eiliad y bu farw Nhad fe stopiodd y cloc. Fe'i cafwyd i fynd yn ddiweddarach. Ond wrth i Nhad dynnu ei anadl olaf, fe stopiodd.

At yr ail ddigwyddiad. Roedd ganddon ni ar y pryd ast ddefaid yma o'r enw Deina. Yn wir, fe gafwyd mwy nag un Deina ym Mhlas-y-Bryniau. Ond roedd hon yn un o'r cŵn defaid gorau a fu yma erioed, un gyda rhyw dwtsh o'r ci defaid Cymreig ynddi. Roedd hi'n gi gwarchod perffaith, yn cyfarth a noethi ei dannedd ar unrhyw un a fentrai i'r clos. Yn wir, fe allai fod yn filain. Â Nhad ar ei wely angau fe ddechreuodd yr hen ast udo. Doedd dim tawelu arni. Yna, pan fu farw Nhad fe orweddodd Deina y tu allan i'r drws ffrynt â'i phen ar ei phalfau. Wnâi hi ddim symud ac fe gai unrhyw un ddod i'r clos ac i'r tŷ. Wnâi hi ddim cyffro o gwbwl. Fe wyddai hi o'r gorau fod Nhad ei meistr a'i ffrind wedi ein gadael.

Fe ddaethai pwysau ychwanegol arna'i cyn colli Nhad. Rhyw bedwar mis cyn iddo farw roedd tenantiaeth dwy ffarm arall o'n heiddo'n dod i ben sef Hafod-hir Uchaf a rhan helaeth o Groeswyntoedd. Ar ddiwedd mis Medi, sef dyddiad traddodiadol terfyn neu gychwyn tenantiaeth fe ddaeth y ddwy ffarm yn ôl i fi. Yn ystod ei fisoedd olaf fe geisiodd Nhad bwyso arna'i i gael rhagor o help ar y ffermydd.

Mae rhai wedi gofyn i fi sut wnes i ddygymod yn y cyfnod yma. Fe fu'n rhaid i fi roi'r gorau i ganu am gyfnod. Yn wir, doedd gen i ddim dewis heb sôn am ddim amser. Rwy'n credu mai gwaith wnaeth fy nghadw i'n gall a'm cadw rhag ildio. Gwaith oedd popeth. Ro'n i wedi cau fy llygaid i bopeth ond gwaith. Yn wir, i arall-eirio'r emyn, yn fy ngwaith yr oedd fy mywyd.

Cofiwch, ro'n i'n gyfarwydd â gwaith. Hyd yn oed yn y dyddiau pan oedd Nhad yn iach, fyddwn i ddim yn dod i'r tŷ nes byddai'n tywyllu. Fe fyddwn i'n gwneud gwaith corfforol pan o'n i'n dal yn llanc. Rwy'n cofio'n bedair ar ddeg oed fod allan yn gwasgaru slag, y gwaith ffarm butraf sy'n bod, a hynny nes iddi nosi. Fe fyddwn i'n camu mewn i'r tŷ yn ddu bitsh gan edrych fel rhywun o'r 'Black and White Minstrels' a oedd mor boblogaidd bryd hynny.

Yr unig amser hamdden oedd ar ambell nos Sadwrn pan awn i draw i Aberaeron am beint neu ddau. Fe fydde Mam yn begian arna'i i fynd allan bob yn hyn a hyn. Ac fel y dywedai fy nghyn brifathro, J T Owen:

'Dyn twp iawn yw dyn sydd ddim ond â'i ben yn y pridd.'

Y dynfa yn Aberaeron oedd tafarn y Prince of Wales. Fe fydde yno ar nos Sadwrn lond y lle o Gymry, a rheiny'n canu. Hen ffrindiau dyddiau ysgol fyddai llawer ohonyn nhw. A'r canu'n werth ei glywed. Canu tawel. Canu disgybledig. Canu emynau. Canu alawon gwerin. Ar nos Sadwrn y gystadleuaeth rygbi saith bob ochor, sy'n dal i gael ei chynnal bob dydd Llun Gŵyl y Banc ym mis Awst, fe fydde'r lle'n orlawn gyda'r nos ond y canu'n dal yn bersain ac yn ddisgybledig. Ar adegau felny fe ddeuai Hywel Teifi ar ei dro. A fe fydde fe wrth ei fodd. Ac fe fedrai Teifi ganu hefyd. Roedd ganddo fe lais hyfryd. Un o'i ffefrynnau mawr oedd 'Yn iach i ti Gymru'. Fe fyddai'n canu honno gydag angerdd. A meddwl gymaint o'n teulu ni'n dau oedd wedi codi pac am America, roedd hi'n gân addas iawn.

Un o'm ffrindiau agosaf oedd Dafydd Gapper. Ac un noson roedd y ddau ohonon ni yn cael diod bach tawel yn yr Harbwrfeistr. Ac ymhen ychydig fe ddaeth dwy ferch ifanc mewn i'r bar. O'n i ddim wedi gweld y naill na'r llall erioed o'r blaen. Doedd gen i ddim mo'r syniad lleiaf pwy oedden nhw nac o ble oedden nhw'n dod. A dyma fi'n dweud yn sydyn wrth Dafydd:

'Weli di honna ar y dde, honna â gwallt golau?'

'Gwela,' medde Dafydd. 'Beth amdani?'

'Wel, mae 'na rywbeth arbennig am honna. Synnwn i ddim na fyddai'n ei phriodi hi rhyw ddiwrnod.'

Ac ymhen dwy flynedd mi wnes.

Y ferch ar y dde'r noson honno oedd Anne Davies, ac fe briodasom ar ddiwrnod olaf mis Mawrth 1975. Y ferch oedd yn gwmni iddi yn Aberaeron, Gwerfyl oedd y forwyn briodas a Dafydd, fy ffrind innau yn was priodas.

Un o blant y Bont yw Anne. Ganwyd hi a'i brawd, Elgan Phillip ym Mhontrhydfendigaid yn blant i'r 'bobi' lleol. Mae Elgan yn gyn-aelod o'r band Hergest ac yn awdur toreithiog. Bu'n llyfrgellydd yn yr Hen Goleg yn Aberystwyth nes iddo ymddeol yn ddiweddar. Wedi symud cartref ac ysgol nifer o weithiau oherwydd swydd ei thad gyda'r Heddlu, bu Anne yn y Brifysgol ym Mangor. Pan gwrddon ni roedd hi'n Bennaeth yr Adran Gymraeg yn Ysgol Gyfun Y Rhymni ac yn lletya ym Merthyr Tydfil. Digwydd bod 'adre' am y penwythnos oedd hi pan gwrddon ni, ei thad erbyn hynny wedi ymddeol o'r Heddlu a'i rhieni'n byw yn Llanfarian.

Un o fois Fferm y Mock, Ffostrasol oedd Tom, ei thad. Roedd ganddo lais bariton naturiol, a'i frawd, Oliver yn faswr hyfryd fu'n cyd-gystadlu mewn aml i eisteddfod â Roscoe Lloyd, tad Ifan ac Ifor. Mae ei mam, Beryl yn enedigol o Fwlch-y-groes, Sir Benfro, hi hefyd o deulu cerddorol tra modryb iddi hithau wedi ennill gwobr Llais y Flwyddyn pan oedd hi'n astudio yn yr Academi Frenhinol yn Llundain yn y pedwar degau. Drwy'r blynyddoedd bu Tom a Beryl yn gymorth ffyddlon yma ar y fferm. Bu farw Tom yn 2002 ond mae Beryl mor heini ag erioed, yn byw yn Aberystwyth a newydd ddathlu ei phen-blwydd yn 90 oed.

O'r cychwyn cymerodd Anne at waith ac amryfal orchwylion y fferm yn hawdd a diffwdan a bu'n gefn cadarn i fi ar hyd y deugain mlynedd diwethaf, cyfnod sydd wedi hedfan heibio'n un bwrlwm o weithgaredd a phrysurdeb llawn a llawen. Gallaf ddweud yn ddidwyll amdani, 'yr hyn a allodd hon, hi â'i gwnaeth.'

Wedi i'r gwahanol ffermydd ddod yn ôl o ddwylo tenantiaid, roeddwn eisoes wedi bwrw ati i adnewyddu'r tŷ byw yng Nghroeswyntoedd a chodi adeilad newydd i'r fferm, ciwbicls i gadw gwartheg a sied newydd ar gyfer y silwair. Yn gwneud y gwaith adeiladu hwn bu ewythr a chefnder i fi, sef Ifan, brawd Mam a Mansel, ei fab, hwythau yn grefftwyr yn eu maes ac Wncwl Ifan yn benigamp am godi welydd cerrig. Nhw hefyd fu gen i yn y gwaith o ehangu ac adnewyddu annedd Plas-y-Bryniau ddigwyddodd tua'r un adeg. Ie, 'tynnu yma'i lawr a chodi draw' fu hi yma drwy'r blynyddoedd. Roedd yna filltiroedd o waith ffenso a hongian clwydi i'w wneud a chyfeirie o gaeau i'w trin a'u hymgeleddu.

Daeth cyfle hefyd i ychwanegu at y tir oedd gennym pan brynwyd rhan o fferm Hafod-y-Gors, sy'n ffinio â'n daear ni. Ac ymhen rhyw ddegawd wedyn ychwanegwyd daear Trawsnewydd a Blaenwaun. Bu Blaenwaun unwaith yn eiddo i Anti Pol, chwaer Nhad. Yr hen enw ar y lle oedd Tŷ Dwl. Dw'i ddim yn siŵr beth yw tarddiad nac ystyr yr enw hwnnw. Fi sydd â'r lle nawr yn ogystal â Hendraws a Thrawsnewydd. Mae'n bwysig ceisio cadw'r hen lefydd hyn yn nwylo lleol. Maen nhw'n rhan o'n treftadaeth ni.

Dau frawd oedd yn byw yn yr Hendraws, William a Jim, nhw a'r forwyn. Roedd William dros ei ugain stôn, yn berchen ar hen *Austin 16* mawr, ac yn hoff iawn o'i beint, gan yrru bob nos lawr i Gilcennin. Roedd brawd Mam, Wncwl Ifan yn was bach gyda nhw. Ar nos Sadwrn fe gâi lifft gyda William i Gilcennin, nid i'r dafarn, ond i gyfeillachu â'i ffrindiau ar y sgwâr. Wnaeth William erioed stopio ar groesffordd Rhiwlas. Mynd yn syth drwyddo wnâi e bob cynnig, ac Wncwl Ifan yn crynu yn ei glocs. Ar ôl iddynt groesi'n saff, ei ymateb bob tro fyddai: 'Rwy wedi'i gneud hi tro hyn 'to bachgen!'

Ar noson arwerthiant Hafod-y-Gors yn y Commercial, Cilcennin roedd gen i gyngerdd pwysig a bu'n rhaid cael asiant, perthynas i fi sef Nick Rees i brynu'r lle ar fy rhan. Ac yn achos prynu Trawsnewydd, selio'r ddêl wnes i â Charles Grisdale dros y ffôn, a hynny ar fyrder yn hwyr un noson gan y byddwn yn cychwyn drannoeth am yr Unol Daleithiau. Yn ystod y blynyddoedd diwethaf daeth daear Hendraws ynghyd â'r rhan honno o fferm Hafod Hir Uchaf, fu yn eiddo Luned, fy chwaer, yn ôl i ni gan ail-glymu'r fferm yn uned unwaith eto.

Mae yna lawer o waith adeiladu ac ehangu wedi digwydd hefyd ar fferm Plas-y-Bryniau. Sied fawr ar gyfer silwair, mwy o giwbicls ar gyfer cadw mwy o wartheg, pwll biswail mawr i gadw mwy o garthion y gwartheg hynny a mwy o siediau i gadw lloi ac epil y gwartheg, siediau pwrpasol ar gyfer wyna'r defaid, a siedie i gadw'r tractorau a'r peiriannau cynyddol ac angenrheidiol ar gyfer holl orchwylion fferm heddiw.

Fe fuon ni unwaith yn codi llafur, ac roeddwn wrth fy modd ar y combein. Breuddwyd gen i erioed fu cael dilyn y cynhaeaf llafur yn yr Unol Daleithiau o'r de fyny i Ganada yn y gogledd. Fe fuon yn cynaeafu ein silwair ein hunain ar un adeg ond mae'n hwylusach a chyflymach heddiw i gael contractwyr i mewn at y gwaith. Arwyn, mab i gefnder i fi a'i griw o weithwyr sy'n gyfrifol am hyn nawr. Gallant gludo can erw a'i roi dan do o fewn dim amser lle byddem ni fel teulu yn barnu i ni gael diwrnod da pe medrem glirio deng erw mewn diwrnod.

Mae'n rhaid i fi ddweud fan hyn mod i wedi bod yn ffodus iawn dros y blynyddoedd o gael dynion neilltuol o dda yn gweithio yma i fi ar y fferm. Un contractwr yn

arbennig fu'n gwneud tymor o waith yma oedd Eirwyn
Gwardafolog. A phan fyddai yma ar ryw gontract neu'i gilydd
byddai'n aros yma dros y cyfnod gwaith. Fe ddeuai lawr y
grisiau bob bore mor hapus â'r gog gan fwmian wrtho'i hun,
'Another day, another dollar!'

Ynghyd â'r holl gynyddu ac ehangu yma roedd – ac
mae – yna alw o hyd ar ffermwyr i arallgyfeirio. Dydi
cynhyrchu bwyd ddim yn ddigon. Yn wir, hwyrach nad
yw'n angenrheidiol hyd yn oed. Felly dyma fwrw ati. Roedd
y tai allan, y beudy, y stablau a'r cartws a godwyd gan
Ewyrth Dafydd yn Hafod Hir Uchaf yn naw degau'r
bedwaredd ganrif ar bymtheg bellach yn wag a heb bwrpas.
Felly, chwarter canrif yn ôl, fe aed ati i addasu'r adeiladau
yn fythynnod gwyliau. Bu'n gryn fenter, ac unwaith eto,
cefnderwyr i ni sef y Brodyr Morgan fu wrth y gwaith.
Crëwyd unedau newydd, adnewyddwyd y tŷ byw, ac o'r
cartws crëwyd stafell ag ynddi fwrdd snwcer, dartfwrdd ac
adnoddau chwarae tenis bwrdd. Roedd yna ferw o
weithgaredd ac rwy'n cofio clywed stori am Wil ac Elfed,
dau o'r adeiladwyr, ar ben to, a'r naill yn dweud wrth y llall,
'Bydd yn ofalus. Gofala na chwmpi di achos do's neb
yma ag amser i dy gladdu di!'

Ar yr un pryd roeddwn i'n brysur yn arallgyfeirio mewn
maes gwahanol, sef y cyngherddau. Ac wrth edrych yn ôl
mae'n anodd credu sut fedrai rhywun ddod i ben a'r holl
weithgaredd. Ac mae'r gwmnïaeth a'r ffrindiau a gafwyd
dros y cyfnod yn werthfawr. Dwy sir yn arbennig y bûm yn
perfformio ynddynt oedd Penfro a Môn. Yn Sir Benfro
roedd gen i hen gyfaill annwyl iawn, Dilwyn Edwards neu
Dil Hafod Ddu. Halen y ddaear. Dil oedd un o'r cymeriadau
anwylaf oedd yn bod. Am flynyddoedd bu wrthi'n trefnu
cyngherddau di-rif ledled y sir. Roedd e'n gwmnïwr ac yn
gomedïwr naturiol gyda'i straeon doniol a gwreiddiol.
Byddai noson yng nghwmni Dil yn donic i enaid unrhyw un.

Un o hoff straeon Dil ei hun oedd honno am y ceffyl gwyn. Roedd dau gymydog yn sgwrsio, a medde un wrth y llall,

'Wil, ma' syrcas fowr yn y dre. Rhaid i ti ddod yno gyda fi. Ti byth yn mynd i unman. Ma'n hen bryd i ti gâl wâc.'

'Syrcas!' medde Wil, 'ma' digon o syrcas gyda fi fan hyn bob dydd. A sdim amser 'da fi.'

'Bachgen, bachgen, ma'n rhaid i ti ddod. Ma' hwn yn mynd i fod yn ddigwyddiad arbennig iawn. Ma' nhw'n gweud y bydd 'na fenyw'n dod – Lady Godiva yw ei henw hi – yn borcen ar gefen ceffyl gwyn.'

'O,' medde Wil, 'jawch, mi ddo i, 'te. Sna'i wedi gweld ceffyl gwyn ers blynydde.'

Ie, Dil, coffa da amdano. Fe ges i'r fraint chwerw-felys o ganu yn ei angladd.

Yn Sir Fôn mae yna hen gyfaill arall, Evie Jones sydd wedi bod wrthi ar hyd y blynyddoedd yn trefnu cymanfaoedd canu a chyngherddau. Cofiaf unwaith fod mewn cyngerdd yng Nglantraeth gyda Trebor Gwanas. Un o ganeuon Trebor y noson honno oedd 'Cân y Ceiliog.' Fe ddes i o hyd i geiliog bantam mewn caets yng nghefn y llwyfan. Daeth Trebor at linell yn y gân yn mynd:

'A chanith e fyth gwcw, gwcw ... '

Dyma fi'n mynd ato ar y llwyfan a gosod y ceiliog bantam ar ei ysgwydd. Prin wnaeth Trebor lwyddo i orffen y gân gymaint oedd y chwerthin. Pan fyddwn mewn cyngerdd gyda Trebor, hoffai ganu'n gyntaf fel y gallai fy nghyflwyno i'r gynulleidfa drwy adrodd pennill am y Cardi a gladdwyd yn Nolgellau,

Here lies the Cardi
Deep underground,
Don't jingle your money
While walking around.

A felly yr oedd trwy Gymru gyfan – y mwynhad a'r croeso di-ben-draw a gafwyd ymhob sir a phentref; amser gore fy mywyd.

Un cyngerdd sy'n sefyll allan yw hwnnw nôl yn 1972 pan wahoddwyd Ifor Lloyd a finne i gyngerdd dathlu Jiwbili yr Urdd yn Neuadd Albert yn Llunden. Fe wnaethon ni ganu 'Y Ddau Forwr' a'r 'Dau Wladgarwr'. Gorfu i fi hefyd wisgo fel Archesgob Caergaint mewn gwisg laes gan gario ffon fugail anferth a chanu 'Mor Fawr yw'r Iôr' gyda chôr o blant. Yn ystod yr ymarfer yn y prynhawn, wrth gerdded lawr y grisiau, fe faglais a syrthio. Diolch mai ymarfer oedd hwnnw yn hytrach na'r perfformiad byw!

Ynghyd â chyngherddau câi ambell raglen adloniadol ei recordio ym Mhlas-y-Bryniau. Ymhlith y rhai cyntaf i'w ffilmio yno oedd 'Cawl a Chân' nôl yn y saith degau gyda Rhydderch Jones yn cyfarwyddo. Fe fyddai yno ffilmio ar dair noson yn olynol gyda chawl ar gyfer 300 o bobl bob nos. Bryd hynny, yn ogystal â chael eitemau llwyfan ceid hefyd Dalwrn y Beirdd.

Yn wir, fe ddaeth gwaith radio a theledu'n achlysurol. Fe ges i ran mewn drama radio ar laniad y Ffrancod yn Abergwaun, hanes Merched Beca a rhan mewn un o benodau'r gyfres deledu 'Dihirod Dyfed'.

Rhyw ddeg mlynedd yn ôl, profiad gwahanol iawn oedd hwnnw pan gefais y cyfle a'r anrhydedd i ganu'r anthemau mewn gêm bêl-droed rhwng Cymru a Lloegr yn Stadiwm y Mileniwm o flaen torf o 72 o filoedd. Diwrnod bythgofiadwy!

Penwythnos arbennig yr edrychwn ymlaen ato bob blwyddyn oedd hwnnw pan gawn wahoddiad gan yr hen gyfaill Maldwyn Jones o fferm Nant-erw-haidd, Gwyddelwern i ymuno gydag ef a'i gymdogion Trebor Edwards, Betws Gwerfyl Goch a Gwilym Thomas o Gerrigydrudion am benwythnos o saethu. Bu Maldwyn am flynyddoedd yn magu hwyaid a ffesantod gan neilltuo penwythnos ym mis Ionawr bob blwyddyn i griw o ffrindiau ddod at ei gilydd. Fe fyddai Ifan a finne yno ac, yn achlysurol, Trebor Gwanas a John Nantllwyd. Un tro daeth Dei Tomos draw i ffilmio'r digwyddiad. Trefnwyd ychydig o hwyl gyda'r nos hefyd.

Yn gyfrifol am baratoi lobscows ar ein cyfer byddai Rhiannon, gwraig Maldwyn a oedd yn nith i'r delynores Nansi Richards. Hwn oedd y lobscows gorau a wnaed erioed. Beiai Maldwyn goginio blasus Rhiannon am y ffaith y pwysai ymron ugain stôn. Roedd Maldwyn yn glamp o gymeriad ymhob ystyr o'r gair ac yn eithafol o hael.

Fe ddaethon ni i adnabod Maldwyn a Rhiannon ym mhriodas Ruth Hendrewen, merch Idris a Cynthia James, Abergwaun gan barhau'n ffrindiau agos byth wedyn. Felly hefyd gydag Esmor a Mona Lloyd Jones, Llanrhaeadr Dyffryn Clwyd. Mae Esmor yn bencampwr saethu ac wedi cynrychioli Cymru yn y gamp. Pan fyddem ni amaturiaid yn sefyll wrth ein pegiau adeg saethu, fe safai Esmor rhyw ychydig y tu ôl i ni gan lwyddo bob amser i hitio'r adar fydden ni yn eu methu.

Ychydig flynyddoedd yn ddiweddarach fe aethom ati ein hunain ym Mhlas-y-Bryniau i drefnu ein saethfa fach ein hunain. Roedd Nigel, fy nai yn frwd dros y syniad ac yng nghwmni perthynas a chymydog i ni, Harry Woodward fe ffurfiwyd cwmni bach o saethwyr. O ganlyniad i waith a gofal parhaus y ddau hyn, bu'n gwmni llewyrchus a hapus am gyfnod. Pan oeddwn yn ddisgybl yn Ysgol Aberaeron arferai y Prifathro, J. T. Owen a Gwynfyl Rees o Bennant ddod atom i Blas-y-Bryniau i saethu ambell i wningen neu ysgyfarnog.

Ro'n i eisoes wedi creu pedwar llyn ar y ffermydd ar gyfer denu a hybu bywyd gwyllt gan drefnu hefyd gyfleusterau pysgota i'r rheiny oedd yn rhentu'r bythynnod. Cofiaf un flwyddyn i ni lwyddo i ddenu ffesant gwyn. Penderfynwyd y byddai cosb o £100 yn syrthio ar unrhyw un a ddigwyddai saethu hwnnw. Yn anffodus fi, y ddamweiniol, wnaeth hynny.

Cofiaf hefyd ddigwyddiad arall anffodus. Roedd Anne wrthi'n sgwrsio ar y ffôn â pherthynas yn yr Unol Daleithiau pan dorrwyd ar draws y sgwrs yn sydyn wrth i Maldwyn falu gwifren y ffôn wrth geisio cwympo ffesant. Ddiwedd y dydd fe aem i gyd naill ai i dafarn Rhos-yr-hafod neu dafarn Penuwch am gawl a chlonc. Dyddiau da, ond mae sawl un o'r hen griw wedi ein gadael, yn eu plith mae Harry a Maldwyn a Cynthia a Gwil. Ond diolch am a gafwyd yng nghwmni ein gilydd.

O sôn am dafarn Penuwch, enw'r lle'n wreiddiol oedd Llety'r Pannwr. Ond cofiaf iddo gael ei newid i 'The Last Invisible Dog'. Ond ni pharhaodd hynny'n hir iawn. Digwyddodd yr un peth i'r Commercial yng Nghilcennin. Newidiwyd enw hwnnw i 'The Poacher's Pocket' ond adferwyd yr enw gwreiddiol. Trodd Castell Maelgwyn yn Llechryd yn Hemmet House, a dw'i ddim yn gweld yr hen enw'n cael ei adfer. Credaf y gryf na ddylid newid yr hen enwau hyn ar unrhyw gyfrif, yn enwedig pan ddisodlir enw Cymraeg ag un Saesneg. Y tristwch mwyaf fu'r hyn ddigwyddodd i Eglwys Nantcwnlle, eglwys Edwardsiaid Brynele. Mae e bellach yn dŷ annedd. A'i enw? Dunroamin'!

Yn y cyfamser, dal i ymddangos wnâi'r recordiau. Yn ystod yr ugain mlynedd rhwng 1976 a 1996 cyhoeddwyd pedair record hir hefyd. Cyhoeddwyd y gyntaf yn ystod y flwyddyn sych a chynnes honno pan gynhaliwyd yr Eisteddfod Genedlaethol yn Aberteifi, gŵyl a enwyd yn Steddfod y Llwch. Yn cyfeilio i fi ar y record honno roedd Meinir Lloyd a Maimie Noel Jones. Yna yn 1980 ymddangosodd yr ail, 'Myfanwy'. Fy nghyfeilydd y tro hwn oedd Eirian Owen, cyfeilyddes ac arweinydd medrus Côr

Godre'r Aran, y cefais cymaint o hwyl a sbort yn eu cwmni ar ein teithiau tramor. Yn canu gyda mi ar y record oedd Côr Cantre'r Gwaelod dan arweiniad Bethan Bryn, a nhw yn ymuno yn y gân deitl a 'Mor Fawr yw'r Iôr'. Bethan hefyd wnaeth gyfeilio'r cerdd dant arni. Saith mlynedd yn ddiweddarach cyhoeddwyd 'Daear Las fy Mro' gydag Annette Bryn Parry ac Ann Hopcyn yn cyfeilio. Yna, yn 1996 ymddangosodd 'The Impossible Dream'. Y tro hwn, Menna'r ferch oedd yn cyfeilio. Ar y record hon ceir clasuron fel 'Because', 'The Rose', 'O, Holy Night', 'Music of the Night', 'Nessun Dorma' ac 'Unwaith Eto yng Nghymru Annwyl'.

Hyfrydwch eithriadol oedd cael Menna yn gyfeilydd. Fe ddechreuodd gyfeilio i fi mewn cyngherddau pan oedd hi'n gymharol ifanc, tua 15eg oed. Bu'n cael gwersi piano ers oedd hi'n wyth oed gydag Alwena Lloyd Williams yn Abermeurig a dod ymlaen yn dda iawn. Wnaeth hi ddim llawer iawn o eisteddfota ond fe wnaeth gynrychioli Ceredigion yn Eisteddfod Genedlaethol yr Urdd.

O Ysgol Uwchradd Tregaron fe aeth hi ymlaen i Goleg Cerdd a Drama Caerdydd i astudio'r piano a dod allan ar frig ei dosbarth mewn perfformio a chyfeilio. Tra yn y coleg mynnai ddod adre'n aml i roi help llaw ar y fferm. Roedd ganddi ddiddordeb mawr mewn marchogaeth o'i dyddiau ysgol a chyfunai hynny gyda'i diddordeb mewn bugeilio'r defaid. Medrai hyfforddi a thrin cŵn defaid o'i phlentyndod. Pan ddaeth ei chyfnod yn y coleg i ben fe ddaeth adre i fod gyda ni ar y ffermydd.

Yn anffodus, fodd bynnag, pan oedd y plant, Fflur a Rhys yn dal yn ifanc bu'n rhaid iddi dderbyn llawdriniaeth go ddifrifol oherwydd cyflwr meddygol anarferol iawn. Diolch i'r drefn bu'r driniaeth yn llwyddiannus ond bu'n rhaid iddi roi'r gorau i waith ar y fferm.

Bu ei cherddoriaeth, fodd bynnag, yn achubiaeth iddi ac o dipyn i beth fe ail-gydiodd yn ei dawn gan fynd ati i ddarparu gwersi piano i ddisgyblion a gweithredu fel athrawes gerdd beripatetig. Taflodd ei hun i weithgareddau'r Ffermwyr Ifanc ac mae galw mawr am ei gwasanaeth fel cyfeilydd i gorau ac mewn cyngherddau. Ac fe gafodd gyfle i deithio'r byd yn cynnwys gwledydd fel yr Unol Daleithiau, yr Almaen, Hong Kong a Tsiena. Rhwng popeth mae ei bywyd hithau'n llawn.

Ychydig wnes i sylweddoli ar y pryd ond mae Menna, neu Men yn enw poblogaidd gan Eifion Wyn sydd, fel Ceiriog yn fardd telynegol ac yn gryn ffefryn gen i. Mae ei gyfrol 'Telynegion Maes a Môr' yn llawn cerddi canadwy fel 'Cwm Pennant', 'Sul y Blodau' ac 'Ora Pro Nobis'. Yn wir, fe gyflwynodd y gyfrol 'I Gymru ac i Men'. Ceir cyfeiriadau at Men yn rhai o'r cerddi fel,

Mordwyo, mordwyo,
O gyrraedd, o glyw,
Myfi wrth y rhwyfau
A Men wrth y llyw.

Fel eu mam, mae Fflur a Rhys yn cymryd cryn ddiddordeb yn y ffermydd gyda Rhys, fel Menna o'i flaen wrth ei fodd yn gofalu am y defaid. Mae'r ddau'n aelodau gweithgar o Glwb Ffermwyr Ifanc Llangeitho ac eisoes wedi gwneud enw iddyn nhw'u hunain drwy ennill y wobr gyntaf fel y ddeuawd ddoniol yn Eisteddfod Genedlaethol y mudiad ychydig flynyddoedd yn ôl. Roedd hynny yn y gystadleuaeth dan 25 oed, a hwythau ond yn eu harddegau cynnar bryd hynny. Mae'r ddau'n hoff iawn o actio, a Rhys wedi ymddangos mewn pennod o'r gyfres ddrama deledu 'Y Gwyll'. Mae gan Fflur lais canu addawol.

Rhaid i fi sôn am ddigwyddiad doniol yn ymwneud â Rhys. Pan oedd e lawer yn iau roedd e'n canu mewn cyngerdd Gŵyl Ddewi yn Nhregaron. Ymhlith ei ddewisiadau roedd un o ganeuon Dafydd Iwan. Gan fod yna Saeson yn y gynulleidfa fe ofynnwyd iddo fe gyflwyno'r gân drwy esbonio'i chefndir yn y Saesneg. Ei fwriad oedd disgrifio Dafydd Iwan fel gwladgarwr, hynny yw fel 'Welsh patriot'. Ond yr hyn ddaeth allan oedd,

'The next song I'm going to sing was composed by Dafydd Iwan, a well-known Welsh pirate'.

Wyddai Menna ddim ble i edrych. Fe wnaethon ni ddweud yr hanes wrth Dafydd Iwan ac roedd e wrth ei fodd.

Mae diddordeb Rhys mewn defaid yn mynd ag ef tu hwnt i'r ardal hon. Ymron ugain mlynedd yn ôl fe ddaeth Nigel, fy nai ataf a gofyn a fyddai gen i ddiddordeb mewn prynu darn o fynydd. Roedd Mynydd Ty'n Cornel a Blaendoethie uwchlaw Llanddewibrefi ar yr Elenydd ar werth. Doeddwn i ddim yn edrych am ragor o dir ond fe'm perswadiodd i fynd i weld y mynydd-dir. Dywedwyd wrtha'i ei fod e'n fynydd defnyddiol iawn gan fod iddo saith ochr, hynny yw, byddai yno loches i'r defaid o ba gyfeiriad bynnag y chwythai'r gwynt. Mae hon yn hen gredo ymhlith pobol mynydd ac fe'm hargyhoeddwyd, ac fe brynais y ddaear ynghyd â'r ddiadell oedd yn pori arni. Ar ben hynny mae'r lle'n ddiddorol, yn wir yn hudolus.

Mae'n debyg fod tŷ Tŷ'n Cornel yn dyddio o ddechrau'r ddeunawfed ganrif ond ym mhum degau'r ganrif ddiwethaf fe'i gwerthwyd i'r Gymdeithas Hosteli Ieuenctid (YHA) a dywedir mai dyma un o'r hosteli mwyaf diarffordd yng Nghymru. Boed hynny fel y bo, mae yno brysurdeb mawr gydol y flwyddyn gyda cherddwyr yn galw yno'n rheolaidd; llawer gormod o drafnidiaeth yn fy marn i. Os os rhai ohonoch yn gyfarwydd â chyfrol Richard Moore-Colyer, 'The Welsh Cattle Drovers' byddwch wedi gweld llun o Dŷ'n Cornel ar y clawr.

Credir fod pobol yn byw ar yr ucheldir hwn rhyw bedair

mil o flynyddoedd yn ôl. Mae yno olion hen gylchoedd cerrig o'r oes honno ar y copa, sydd rhyw 1,600 o droedfeddi uwchlaw'r môr. Islaw, fod bynnag, lle rhed y Doethie Fawr, nid yw'r ddaear yn uwch na phentref Llanddewibrefi. Rhed y Doethie Fach i'r Doethie Fawr yn ymyl ffin ein daear ni ger Maes-y-Betws, lle mae olion addoldy hynafol. Yna mae'r Doethie yn llifo ac yn ymuno ag Afon Pysgotwr nid nepell i le a elwir Pwll Uffern. Dyma'r lle tebycaf a welais erioed i'r Grand Canyon. Mae'r Pysgotwr wedyn yn ymuno ag Afon Tywi islaw Llyn Brianne ger Ystrad Ffin lle mae Stafell neu Ogof Twm Sion Cati.

Fe godwyd argae Brianne i gyflenwi dŵr i dde Cymru gan wasanaethu ardal sy'n ymestyn o Lanelli i Gasnewydd. Fe'i hagorwyd yn swyddogol yn 1973 ond yn ystod haf sych 1989 fe ddisgynnodd lefel y dŵr mor isel nes oedd modd gweld olion hen fferm Y Fanog a'r coed o'i hamgylch a foddwyd dan y dŵr.

Cymry yw'r rhelyw o'n cymdogion ar y mynydd ym Maesglas, Y Llethr, Brynambor, Bronbyrdde a Nant-llwyd. Ond mae yna ŵr a gwraig o ddwyrain Lloegr yn byw yn ffermdy Blaendoethie ers blynyddoedd mawr. Heb fod ymhell i ffwrdd ar dir Nant-llwyd saif capel bach Soar-y-mynydd, a adeiladwyd yn 1822 gan Ebenezer Richard, Tregaron sef tad Henry Richard, yr Apostol Heddwch i wasanaethu trigolion y mynyddoedd. Yn wir, bu'n ysgoldy hyd y pedwar degau. Yno y priododd Esyllt, nith i Anne ar ddiwrnod olaf mis Mawrth 2012 gan rannu dyddiad ei phriodas â ni.

Mae yna enwau cyfareddol ar fynydd-dir Cymru. Felly hefyd yma gyda ni yn Nhŷ'n Cornel, Llethr Llywelyn, Bryn y Gorlan, Y Gouallt a Maes-y-Betws a Cerrig Ysgyfarnog. Hir y parhaent.

5

Gwawr wedi hirnos

Ymron ddeng mlynedd wedi i Anne a fi briodi fe anwyd Gwawr. Roedd Menna felly'n 14eg oed erbyn iddi gael chwaer fach. Ond yr hyn nad oes fawr neb y tu allan i'r teulu a'n cylch ffrindiau yn ei sylweddoli yw i Anne a finne gael profedigaeth pan gollon ni blentyn ychydig wythnosau cyn dyddiad ei eni. Roedd hyn ar ôl geni Gwawr. Mab oedd hwnnw, ac wrth gwrs, Rhys fyddai ei enw wedi bod. Fe fyddai'r mab hwnnw'n bump ar hugain oed erbyn hyn. Ddown ni byth dros y profiad trist, er gwaetha'r ffaith i chwarter canrif fynd heibio.

Ganwyd Gwawr ym mis Mehefin 1984, a hynny yng nghanol blwyddyn brysuraf fy mywyd. Bu'n flwyddyn ryfeddol. Fe gywasgwyd pob math o ddigwyddiadau i mewn iddi. Mae yna arwyddocâd yn y flwyddyn, wrth gwrs, gan mai dyna flwyddyn broffwydol nofel enwog George Orwel. Fe allwn innau fod wedi ysgrifennu cyfrol am 1984 petai gen i'r ddawn i lenydda. Ac fe wnâi ddarllen fel nofel, a honno'n nofel hir.

Roedden ni wedi mynd ati nôl yn yr haf y flwyddyn cynt i ddechrau codi estyniad i'n cartref ym Mhlas-y-Bryniau. Ac fel yn achos ail-wneud y tai allan yn Hafod Hir a bwthyn Croeswyntoedd, fy nghyfaill Dafydd Gapper oedd y pensaer fu'n gyfrifol am lunio'r cynlluniau i ni. Mae Dafydd yn fab i Robert Gapper, cerflunydd nodedig sydd â'i waith i'w weld yn Eglwys Llangwyryfon, yn Abaty Ystrad Fflur ac yng Nghapel Celyn. Ond tybed faint sy'n gwybod mai ef fu'n gyfrifol am gynllunio arwyddlun 'Black and White Whiskey'?

Ysgogwyd y cynllun pan welodd Robert ddynes yn

Llunden yn hebrwng dau ddaeargi bach i'r parc, un yn ddu a'r llall yn wyn. Am ddyddiau bu'n dilyn y ddynes gan dynnu brasluniau o'r cŵn bach. Fe aeth y ddynes yn amheus o weld y dyn yma'n ei chanlyn yn ddyddiol ac fe aeth at yr heddlu i gwyno. Holwyd Robert a'i ateb oedd, 'I'm not following the lady, I'm following the dogs.'

Y cwmni adeiladu ar gyfer y gwaith ar y tŷ oedd y Brodyr Morgan o Gilcennin, Oswald, Gwyndaf a Glyn, cefnderwyr i ni ynghyd â'u meibion hwythau a chrefftwyr lleol eraill. Roedden nhw'n gwmni cwbl broffesiynol a'u gwaith yn chwedl. Newydd orffen gweithio ar gartref Syr Geraint Evans yn Aberaeron oedden nhw. Un o'r seiri oedd bachan oedd yn cael ei adnabod fel Wili Bach, tipyn o gymeriad. Roedd Syr Geraint ar y pryd ar fin gadael am San Francisco i ganu mewn opera fawr. Roedd e'n seren opera a oedd yn enwog yn fyd-eang, wrth gwrs. Fe fydde'r crefftwyr yn cyrraedd gydag e tuag wyth o'r gloch y bore ac fe fedren nhw glywed Syr Geraint yn mynd drwy ei nodau yn y stafell molchi wrth iddo fe ymarfer ei lais dwfn, cyfoethog. Cyn gadael am America fe benderfynodd Syr Geraint ddringo'r ysgol i weld sut oedd y gwaith ar y to yn mynd yn ei flaen. Yno ar y to roedd Wili Bach. A medde hwnnw,

'Jiw, Syr Geraint! Diawch, wyddwn i ddim bo chi'n gallu canu, achan!'

Fe chwarddodd Syr Geraint gymaint fel iddo syrthio o ben yr ysgol a brifo'i hunan fel y bu'n rhaid gohirio'i berfformiadau yn yr opera yn San Francisco.

Yr un adeg ag y gweithiwyd ar y tŷ fe lwyddwyd wedi hir ddadlau i gael caniatâd i osod ffordd osgoi i Blas-y-Bryniau. Arferai'r ffordd gyhoeddus redeg o flaen y tŷ, rhwng ein cartref ni a'r hen dŷ. I bob pwrpas fe redai'r ffordd drwy ganol y clos. Roedd hynny ddim yn unig yn anhwylus ond fel y cynyddai'r drafnidiaeth, yn beryglus hefyd. Roedd iechyd a diogelwch yn berthnasol yn yr achos hwn.

Bum wrthi'n hir yn dadlau fy achos, ac ateb un aelod o'r awdurdod ffyrdd ar sut fedrwn ddatrys y broblem oedd i fi ddymchwel rhan o'r hen dŷ er mwyn medru lledu ac unioni'r ffordd. Dyn o weledigaeth! Ond ymhen hir a hwyr llwyddais i gael caniatâd ar yr amod y gwnawn drosglwyddo'r ddaear dan sylw a pharatoi'r cyfan i safonau angenrheidiol y Cyngor. Gallai'r Cyngor wedyn dderbyn y darn ffordd newydd fel ffordd gyhoeddus. Bu cael ffordd newydd yn fendith fawr i ni ac yn welliant sylweddol i'r fferm a chael mynedfa breifat iddi o'r ddau gyfeiriad.

Yn ystod gwanwyn y flwyddyn honno fe aeth Ifan Lloyd a finne ati i baratoi record hir o ddeuawdau. Roeddem eisoes wedi recordio E.P. o bedair cân gyda'n gilydd nôl yn 1972 a theimlem ei bod hi'n bryd mynd ati unwaith eto. Roedd llawer o'r deuawdau a ddewiswyd yn rhan o'n rhaglen arferol yn y cyngherddau di-rif a fynychem ledled Cymru. Ond roedd angen ail-ddysgu ambell un, eu hymarfer a rhoi sglein arnyn nhw. Fe ddewisom ni unarddeg o ganeuon, 'Y Ddau Forwr', 'Y Ddau Wladgarwr', 'Lle Treigla'r Caferi', 'Mae Cymru'n Barod', 'Y Bardd a'r Cerddor', 'Watchman, What of the Night?', 'Flow Gently Deva', 'Ti a Dy Ddoniau', 'Ceiliog y Gwynt', 'Y Plismyn Gwlad' a'r 'Pysgotwyr Perl'. Ein cyfeilydd oedd Annette Bryn Parry, Mam Fedydd Gwawr, gyda llaw. Ar gyfer llun ar glawr y record roedd angen cael crys newydd yr un. Yn gwbl annibynnol â'n gilydd fe aethon ni i siop Danny B.J. yn Llanbed a phrynu crys yr un oedd yn union yr un fath!

Yn ystod yr un cyfnod gwahoddwyd fi fel gwestai Ruth Barker i ganu rhai o'i chyfansoddiadau hyfryd hi. Roedd Rosalind a Myrddin ar y rhaglen hefyd a dwi'n cofio pan ddarlledwyd y rhaglen i ni dderbyn sawl galwad ffôn yn gofyn a oedd fy iechyd yn iawn? A oedd rhyw anhwylder ar

Dafydd? Teimlent fod golwg wael arna'i gan i fi golli cymaint o bwysau. Roedd fy iechyd i'n iawn, diolch i'r drefn. Yr holl waith, debygwn i, oedd effaith y colli pwysau. Neu, fel yr awgrymodd rhai, y ffaith fy mod i'n 'cario' gydag Anne!

Ac yng nghanol y flwyddyn brysur honno fe gyrhaeddodd Gwawr. Ei henw bedydd llawn yw Gwawr Rhiannon, ac wrth edrych yn ôl, hwyrach y dylwn i fod wedi ei henwi yn Gwawr Dafydd gan mai Menna Rhys yw Menna. Bu Gwawr yn blentyn hawdd o'r dechrau, yn cysgu'n ddidrafferth er gwaethaf twrw'r adeiladwyr, a oedd yma o hyd, a phawb ar frys gwyllt i orffen y gwaith cyn i Brifwyl Llanbed gyrraedd. Gan fod amserlen yr eisteddfod hefyd ar ei hôl hi, byddem yn colli rhai o'r seiri o bryd i'w gilydd. Roedd galw arnyn nhw i orffen gwaith ar y Maes. Bu'n rhaid cael gweithwyr wrth gefn yma i orffen y gwaith mewn pryd. Erbyn mis Gorffennaf roedd byddin o tua phump ar hugain o adeiladwyr yma er mwyn dod â'r cyfan i fwcwl.

Yr hydref cynt ro'n i wedi bod ar daith i Awstralia gyda Chôr Godre'r Aran, ac roedd sawl aelod o'r côr wedi trefnu parcio'u carafanau ger y tŷ fan hyn gydol wythnos y Brifwyl. Ac felly y bu. Fe gawson ni amser hyfryd yn eu cwmni. Roedd yna farbeciw neu noson lawen bron bob nos. Ar ddiwedd yr wythnos fe wnaethon ni dderbyn anrheg hardd ganddyn nhw i gofio am y mwyniant a'r gwmnïaeth sef dysgl wydr ag englyn o waith Alwyn Jones wedi'i ysgythru arni:

Hynod yw Plas-y-Bryniau – a gwresog
    Ei groeso ar wyliau,
    A heno fe roddwn ninnau
    Ein diolch i chi eich dau.

Yr adeg hon roedd Anne ag angen llenni newydd i'r lolfa. Fe gofiodd yn sydyn fod tenant i ni oedd yn byw yn Hafod Hir Uchaf yn un dda am wnïo a gwaith llaw'n gyffredinol. Cyn dod yma roedd hi'n byw fyny yn Ystumtuen. Ei phartner yno oedd Michael Wilding Junior, sef mab Elizabeth Taylor a Michael Wilding. Roedd ganddyn nhw ferch fach o'r enw Naomi. Roedd y ddau riant wedi gwahanu, a'r fam a'r ferch wedi symud lawr aton ni. A'r fam wnaeth orffen y gwaith o wnïo llenni i Anne. Bu Naomi am gyfnod yn ddisgybl yn Ysgol Penuwch a bu Elizabeth Taylor, ei mam-gu yn ymweld â hi yma yn Hafod Hir.

Do, fe orffennwyd y llenni; fe adnewyddwyd y tŷ; cwblhawyd y ffordd osgoi; rhyddhawyd y record hir ac fe ddaeth yr Eisteddfod i Lanbed. Ond roedd mwy i ddod. Ym mis Medi, roedd dwy Noson Lawen i'w recordio yma. Dau ffrind oedd yn arwain, Peter Hughes Griffiths y naill a Dilwyn Edwards y llall. Roeddwn i'n cymryd rhan mewn un sioe, yn canu un o ganeuon Dafydd Iwan, 'Ai am fod Haul yn Machlud?'. Dyma Dil fyny i'r llwyfan i gyflwyno'r eitem. Ac am strach! Fedre Dil ddim yn ei fyw ag yngan teitl y gân yn y drefn gywir. Fe gafwyd 'Ai yw yr haul yn machlud?' Wedyn, 'Ai am fod yw yr haul yn machlud?' Wedyn, 'Ai am fod yr haul yn machlud?' A phob tro y digwyddai gael y teitl yn gywir, roedd y gynulleidfa'n chwerthin gymaint nes difetha'r linc. Fe aeth hyn ymlaen am tua hanner awr, a hwyrach fod rhai ohonoch yn cofio'r gyfres honno o 'Traed Moch', ateb Cymru i 'It'll be All Right on the Night'. Dyfarnwyd mai Dil wnaeth y traed moch mwyaf, ac fe enillodd y wobr gyntaf.

Ar un o'r ddwy Noson Lawen hyn yr ymddangosodd Ifan Gruffydd ar y sioe am y tro cyntaf. Roedd ei gyfraniad yn arbennig o ddoniol a gwreiddiol. Cofiaf hefyd i'r peiriant cynhyrchu trydan dorri lawr. Daeth tywyllwch du dros bobman a rhaid fu cael cymorth peiriannydd, Albert Lewis o Lan-non i drwsio'r peiriant. Yn y cyfamser roedd rhai o'r menywod yn y gynulleidfa wedi gweld llygoden fach ymysg y bêls. Fe gynhyrfodd pawb. Tra roedd hyn oll yn digwydd yn un o'r tai allan, roedd Anne yn gwylio'r cyfan ar fonitor yn y lolfa yn y tŷ a Gwawr yn faban chwe wythnos oed yn ei chôl.

Yn wahanol i fi a'm chwiorydd, ac i Menna a phlant Menna, i Ysgol Trefilan ger Talsarn yr aeth Gwawr. A dyma dorri ar ganrif o draddodiad. Roedd Ysgol Penuwch yn ysgol benigamp gydag athrawon gwych ac yn ennill gwobrau cenedlaethol yn flynyddol ym myd celf. Ond doedd neb yno bryd hynny a ymddiddorai ym myd cerddoriaeth. Yn Nhrefilan, ar y llaw arall roedd Mary Jones, a oedd yn weithgar iawn yn y maes hwn. Doedd Ysgol Trefilan fawr iawn pellach oddi wrthym nag Ysgol Penuwch, ond gan nad oedd yn ysgol dalgylch i ni, bu'n rhaid i ni gludo Gwawr yno bob dydd. Un peth a fu'n dristwch bryd hynny oedd i ni, o fewn misoedd i Gwawr gychwyn yno, ei chlywed, wrth iddi chwarae gyda'r cŵn yn siarad Saesneg gyda nhw. Roedd dylanwad y mewnfudwyr mor gryf.

Yn eironig, fe gaeodd y ddwy ysgol, Penuwch a Threfilan yn yr un wythnos yn 2014, hen deimlad chwithig iawn. Ac erbyn hyn mae llawer o ysgolion bach y cylch wedi cau – Bwlchllan, Pennant a Chross Inn yn eu plith. Canoli yw'r ateb i bopeth heddiw, a chefn gwlad y colli popeth. Pan gychwynnodd Menna yn Ysgol Penuwch ganol y saith degau, dim ond 16eg o blant oedd yno, a'r rheiny'n Gymry Cymraeg bob un. Pan adawodd Benuwch, fodd bynnag, i fynd i Ysgol Uwchradd Tregaron chwe blynedd yn ddiweddarach roedd yno dros hanner cant o blant. Ond dim ond prin hanner dwsin o'r rheiny ddeuent o aelwydydd Cymraeg. Roedd y lleill i gyd yn Saeson, gyda'u teuluoedd wedi symud yma i fyw.

Fe ddaeth y newid mawr i'r ardal hon yr adeg honno gyda mewnlifiad o hipis, a'r rheiny'n bwriadu byw 'off the land'. Mae gan yr Indiaid brodorol yn America hen ddywediad,

'Nid chi biau'r tir – y tir biau chi'.

Mae hynna'n wir yma hefyd. Yn anffodus doedd y Cymry a arferent fyw yn y tyddynnod bach ddim yn medru gwneud bywoliaeth, a'r to hŷn wrth ymddeol yn symud allan i'r pentrefi fel Llan-non a Llanrhystud i fyw tra'r to ifanc yn mynd i'r dref i gael gwaith gan symud i fyw yno maes o law gan adael gwacter yma. I'r dieithriaid roedd y gwacter yn baradwys. Ar un ymweliad â'r Unol Daleithiau fe wnes i ymweld â thiriogaeth llwyth o'r Indiaid brodorol, y Pueblo yn Santa Fe. Roedden nhw'n byw ar ddarn o dir wedi ei amgylchynu â ffens uchel. Roedden nhw a'u diwylliant wedi ei hynysu oddi wrth bawb arall. A beth oedd pwrpas y ffens? Eu diogelu nhw? Neu eu cau nhw i mewn? Tybed ai dyna fydd ein tynged ni, Gymry Cymraeg?

Fe gododd John Roderick Rees nyth cacwn yn ei bryddest 'Llygaid' a enillodd iddo Goron Llanbed drwy iddo ganmol rhieni Saesneg am gadw'r ysgol fach yn agored gyhyd. Hwyrach ei fod e'n iawn yn hynny o beth. Ond ein problem ni heddiw yw bod cymaint ohonyn nhw a chyn lleied ohonon ni. Ac er gwaetha'r dysgu o'r iaith Gymraeg yn ein hysgolion, dyw'r rhelyw o blant y mewnfudwyr ddim yn ei defnyddio y tu allan i'r ysgol, a chymryd eu bod nhw'n ei dysgu yn y lle cyntaf. Ry'n ni'n estroniaid yn ein gwlad ein hunain. Cofiwn hefyd fod yna ddigon o bobl a anwyd ac a fagwyd yng Nghymru sy'n gwrthod arddel yr iaith, er honni eu bod nhw gystal Cymry â neb. Ar bwy mae'r bai? Beth yw'r ateb? A oes yna ateb?

Un peth fedra'i ddweud am Gwawr yw iddi fod yn Gymraes bybyr o'r dechrau. Pan oedd hi yn Ysgol Aberaeron, petai yna unrhyw wrthdaro rhwng y Gymraeg a'r Saesneg fe allech fod yn sicr y byddai yng nghanol y ffrae.

Un tro yn blentyn bach fe aeth hi gyda'i mam i Ffair Galangaeaf Aberystwyth. Dyna ble'r oedden nhw'n mynd o gwmpas y stondinau ac un o ddynion y ffair yn sylwi fod Gwawr yn edrych braidd yn ddifrifol.

'Smile, child,' medde fe, 'and you'll look better!'

A Gwawr yn ateb,

'You speak Welsh and you'll sound better!'

Oedd, roedd hi'n siarp iawn ei meddwl hyd yn oed pan yn blentyn bach. Yn fuan wedi iddi ddechre yn Ysgol Trefilan roedd y brifathrawes wedi dweud wrth y plant am ddod â thegan gyda nhw i'r ysgol, Tedi, dol neu rywbeth tebyg i ddiddanu eu hunain. Trannoeth fe aeth pob un o'r plant a rhyw degan bach gyda nhw. Ond doedd dim un gan Gwawr. A Mrs Jones yn gofyn iddi oedd ganddi ddim Tedis adre?

'Tedis!' medde Gwawr, 'mae 'na gannoedd gen i. Ond mae Mam wedi dweud, "No more!"'

Fel finne, ychydig iawn o gystadlu eisteddfodol wnaeth Gwawr. Ond bu ei llwyddiannau yn rhai nodedig. Yn ei blwyddyn olaf yn Ysgol Aberaeron bu'n fuddugol ar yr unawd yn Eisteddfod Genedlaethol yr Urdd, yn yr Ŵyl Gerdd Dant ac yn Eisteddfod Llangollen. Eirian Owen oedd ei chyfeilydd yn Llangollen ac mae'n debyg i feirniad y gystadleuaeth ddweud wrth Eirian,

'Today I have met a star! Do you know her?'

O Ysgol Aberaeron fe enillodd ysgoloriaeth i Goleg Cerdd a Drama Caerdydd gan ddilyn Menna yn hynny o beth. Fe aeth wedyn i'r Guildhall yn Llunden ac ennill ei Gradd Meistr gydag Anrhydedd. Ymunodd â Chwmni Opera Glyndebourne ac yn ystod ei chyfnod yno fe gymerodd ran yng nghystadleuaeth Kiri Te Kanawa i unawdwyr ifanc oedd â'u bryd ar yr opera. O'r 1,200 o'r

cystadleuwyr gwreiddiol llwyddodd i fynd ymlaen i'r
rownd derfynol i blith y pump gorau. Darlledwyd y
gystadleuaeth ar Radio 2 yn wythnosol ar 'Friday Night is
Music Night'. Ydy, mae'n B.A., B.Mus., M.Mus. yn y tŷ 'ma
i gyd, llythrenne gan bawb, a finne yn falch o ddweud bod
gen i rai hefyd – L.S.E.N.Q. sef, 'Left School Early No
Qualifications'!

Cyn hynny roedd hi wedi bod yn llwyddiannus ym
Mhrifwyl Casnewydd 2004 gan ennill Gwobr Goffa
Osborne Roberts, sef y Rhuban Glas dan 25 oed, a hynny
ar ei hymgais gyntaf. Yna, yn 2007 fe enillodd Ysgoloriaeth
W. Towyn Roberts yn Eisteddfod Genedlaethol Yr
Wyddgrug, hynny eto ar ei hymgais gyntaf.

Mae gen i gof da am yr haf hwnnw yn 2007. Bu'n
eithriadol o wlyb. Cafwyd llifogydd mawr mewn sawl man,
yn enwedig mewn parthau o Loegr gyda thai a ffermydd
tan ddŵr. Yr haf hwnnw roedd Aberaeron yn dathlu dau-
canmlwyddiant derbyn ei Siarter i sefydlu'r harbwr a'r dref.
Trefnwyd wythnos o weithgareddau amrywiol ar gyfer y
dathlu yn cynnwys tân gwyllt lawr ger yr harbwr, teithiau a
sgyrsiau ar hanes lleol, gwasanaeth eciwmenaidd awyr
agored, garddwest ym Mhlasty Mynachdy Pennant,
darlithoedd a gweithdai ynghyd a chyngerdd mawreddog
ar y Cae Sgwâr. Gweithgareddau awyr agored, cofiwch,
oedd y mwyafrif o'r digwyddiadau a phawb yn ofidus
oherwydd y tywydd gwlyb.

Fy hun, roeddwn i â chroen fy nhîn ar fy nhalcen am na
fedrwn fwrw ymlaen i gael y silwair dan do. Roedd angen
hefyd gorffen cneifio'r defaid ar y mynydd. Tua'r drydedd
wythnos ym mis Gorffennaf y dechreuodd pethe wella a
byddaf yn dragwyddol ddiolchgar i Gerwyn Evans a'r teulu,
Dyffryn Arth am 'gymorth mewn cyfyngder' i gael y silwair
mewn. Yr wythnos olaf o Orffennaf roedd ffrindiau wedi
trefnu i ddod draw o'r Unol Daleithiau am wyliau. A dyma

fynd i'w nôl i Faes Awyr Manceinion ac ar y ffordd adre i Blas-y-Bryniau mynd â nhw ar daith hanesyddol i Abaty Cwm Hir, gorweddfan y Llyw Olaf a heibio wedyn i Fryn Pilalau lle trechodd Owain Glyndŵr fyddin Mortimer.

Gwella wnaeth y tywydd bob dydd a bu tref Aberaeron yn ffodus iawn i gael tywydd da ar gyfer y dathliadau. Ar y nos Fercher, sef y cyntaf o Awst oedd dyddiad y cyngerdd awyr agored ar y Cae Sgwâr a phawb wedi dod â'i gadair a'i botel o win i fwynhau *a la* cyngherddau'r Faenol. Roedd y tywydd yn berffaith, a rhai o gyn-ddisgyblion Ysgol Aberaeron yn cyfrannu – Eleri Sion, Gareth John, Catrin Finch a Gwawr a finne. Maddeuwch i mi os wnes i adael unrhyw un allan. Roedd Jason Howard yno hefyd fel artist arbennig a Huw Edwards yn cyflwyno. Cafwyd noson i'w chofio.

Yng nghanol yr hyrli byrli hwn i gyd roedd Gwawr yn paratoi ar gyfer yr Eisteddfod Genedlaethol oedd yn cychwyn y penwythnos hwnnw, a chystadleuaeth Towyn Roberts. O ganlyniad i'w llwyddiant yno fe'i gwahoddwyd i ganu yng Nghyngerdd y Mil o Leisiau yn Neuadd Albert y flwyddyn ganlynol. Trefnwyd dau lond bws i fynd fyny yno gan Glan Davies. Ar y noson cyn y cyngerdd hwnnw cofiaf iddi fod yn canu yn Highgrove i Siarl a Camilla.

Bydd aml un yn gofyn pryd wnaeth Gwawr a finne ganu gyda'n gilydd am y tro cyntaf. Wel, allan yn America oedden ni yn 1996, a Gwawr ond yn ddeuddeg oed. Ar wahân i ganu unawdau ei hun a deuawdau gyda fi, bu hefyd yn canu'r delyn ac yn cyfeilio cerdd dant i fi ar y delyn. Yn wir, fe fuaswn i wedi hoffi petai hi wedi dyfalbarhau gyda'r delyn yn y coleg. Ond gwell ganddi hi oedd canu.

Rhyw flwyddyn neu ddwy yn ddiweddarach, roedd Noson Lawen yn cael ei darlledu o Blas-y-Bryniau, ac fe gawsom gyfle yno i ganu deuawd – 'Mi glywaf y Llais' un o ganeuon Dafydd Iwan. Honno hefyd oedd y gân ddewisom ganu pan oeddwn yn recordio'r rhaglen Pen-blwydd Hapus o Theatr Felinfach tua'r un adeg.

Ers hynny mae hi wedi teithio'r byd, a finne wedi cael rhannu llwyfan gyda hi ddegau o weithiau a chael Menna i gyfeilio i'r ddau ohonon ni. Pleser digymysg i dad balch. Fe wnaethon ni gyhoeddi cryno-ddisg, 'Tu Hwnt i'r Sêr' gyda'n gilydd yn 2010. Mae ail gryno-ddisg Gwawr newydd gael ei chyhoeddi.

Mae Gwawr bellach wedi ymgartrefu yng Nghaerdydd ac yn briod â Dan, a'r ddau erbyn hyn yn rhieni balch i Nel, a anwyd ddiwedd mis Mawrth 2015. A dyma i chi gyd-ddigwyddiad. Y flwyddyn yr enillodd Gwawr y Rhuban Glas yn Eisteddfod Casnewydd, bu Dan hefyd yn fuddugol ar gystadleuaeth y Rhuban Glas Offerynnol. Hefyd mae mam-gu Dan yn gyfnither i Redvers Llewellyn a fu'n athro lleisiol i fi yn Aberystwyth flynyddoedd yn ôl. Rhyfedd o fyd!

6

Draw dros y don

Er gwaethaf holl brysurdeb y ffarm ar hyd y blynyddoedd, fe lwyddais i wneud fy siâr o deithio. O ystyried cynifer o'm hynafiaid a adawodd y fro am fywyd gwell yn America, does dim rhyfedd i fi dderbyn sawl gwahoddiad i ymweld â'r wlad honno. Erbyn hyn rwy wedi bod draw rhwng pymtheg a deunaw o droeon, weithiau ddwywaith yr un flwyddyn.

Hedfan fyddwn ni fel arfer, ond un o'r teithiau tramor mwyaf cofiadwy fu'r fordaith honno yn 1985 ar y QE2, fi ac Ifan Lloyd. Mae chwarter canrif neu fwy ers hynny bellach. Roedd hi'n fordaith o gwmpas y byd a ninnau'n rhan o'r pecyn dros gymal y Môr y Canoldir. I ni roedd hi'n fordaith o tua phythefnos. Roedd e'n fywyd braf, ninnau ddim ond yn gorfod canu tua theirgwaith neu bedair yr wythnos. Roedd llond bws wedi dod gyda ni o Gymru. Ond roedd yna tua dwy fil o deithwyr ar y llong i gyd.

Roedd mwyafrif y teithwyr oedd ar y llong yn teithio am y fordaith gyfan, amryw yn filiwnyddion Americanaidd. Ro'n i wedi rhybuddio'n criw ni i gofio dod â dillad ar gyfer gyda'r nos – y menywod eu gynnau llaes a'r dynion eu siwtiau a'u dici bows – gan y byddai yna ddawnsio ar ôl Swper y Capten. Roedd hynny'n ddefod.

Ar ôl y swper ar y noson gyntaf, dyma'r Capten a'i wraig yn codi yn ôl y traddodiad, i ddawnsio. Yna, pwy wnaeth anelu'n syth at wraig y Capten a gofyn iddi am ddawns, ond y cymeriad mawr hwnnw, John Nant-llwyd, Tregaron. Roedd e'n gwisgo sandalau a dim sanau, ac yn dal i wisgo'i gap stabal ar ei wegil. Cyn pen dim roedd John a'r Capten a'i wraig yn yfed gyda'i gilydd fel hen ffrindiau bore oes.

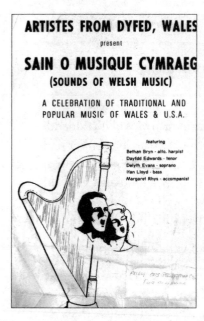

ARTISTES FROM DYFED, WALES

present

SAIN O MUSIQUE CYMRAEG

(SOUNDS OF WELSH MUSIC)

A CELEBRATION OF TRADITIONAL AND
POPULAR MUSIC OF WALES & U.S.A.

featuring

Bethan Bryn - alto, harpist
Dayfdd Edwards - tenor
Delyth Evans - soprano
Ifan Lloyd - bass
Margaret Rhys - accompanist

*Poster yn hysbysebu ymweliad ein
pedwarawd*

Bob nos hefyd, fe fyddai
crynhoad ohonon ni'r Cymry
o gwmpas grand piano gwyn
yn y cyntedd. Roedd yr Iancs
wrth eu bodd. Fe fydden
nhw'n tyrru aton ni o bob twll
a chornel. Y cwestiwn bob nos
fyddai:

'Where are the Welsh? Are
they singing tonight?'

Ar ôl tua thair noson fe
alwodd John fi draw at y bar a
holi beth fynnwn i i'w yfed.

'Wisgi bach,' medde fi.

'Wisgi bach!' medde John,
'wisgi mowr, glei! A ma'n rhaid
i ti gâl dou neu dri, neu hanner
peint ohono fe hyd yn oed. Fi
sy'n ordro. A weles i ddim lle
gwell eriôd. Y cyfan dwi'n gorfod gneud yw ordro. Wedyn
jyst arwyddo pishyn o bapur. Dw'i ddim yn gorfod mynd i
mhoced o gwbwl. Dyw e ddim yn costio'r un ddime goch y
delyn. Dyma i ti beth yw nefoedd i Gardi.'

Oedd John ddim yn ystyried y byddai'r cyfan ar ei slaten
ef ar ddiwedd y fordaith! Ond fel trodd pethe allan, roedd
John yn iawn. Fu dim rhaid iddo fynd i'w boced wedi'r
cyfan. Un nos fe ddaeth un o'r miliwnyddion ata i. Fe
synhwyrai mai fi oedd un o drefnwyr y sesiynau canu.
Roedd hwn wedi clywed fod yna fugail yn ein plith, John
Nant-llwyd, wrth gwrs. Roedd e'n awyddus iawn i gyfarfod
â John. Yno y safai John yn sipian peint yn ddigon didaro.
Ar unwaith fe gafodd ei amgylchynu gan yr Americanwyr,
nifer ohonyn nhw'n ffermwyr eu hunain yn byw ar ranshys
enfawr. Dyma nhw'n dechrau holi John am hyn a'r llall, a

Ifan Lloyd a finne'n perfformio ar un o'n mordeithiau

John wrth ei fodd yn eu haddysgu am ffarmio defaid, gan fystyn tipyn ar y ffeithiau yr un pryd. A dyma gwestiwn yn codi gan un o'r miliynyddion:

'Tell me, John, with all those sheep back home, and you here on the cruise, who looks after the flock while you're away?'

Dyma John yn syllu i lygaid y dyn ac yn cyhoeddi'n llawn hyder:

'Sir, the Lord is my shepherd!', gan ychwanegu: 'By the way, I don't keep sheep, they keep me!'

Fe ledaenodd y stori ac fe ges i alwad gan Roy Noble yn fuan wedyn yn gofyn i fi adrodd yr hanes ar y radio. Yn wir, fe ledaenodd y stori i bobman nes dod yn chwedl. Ond fel yna y digwyddodd hi mewn gwirionedd. 'Ro'n i yno', chwedl Max Boyce.

Yn y cyfamser fe gymerodd un o'r miliwnyddion yma at John. Roedd e'n anferth o ddyn, dros chwe throedfedd a hanner o daldra. Un noson fe fu John yn adrodd ychydig o'i hanes wrtho.

'I'm a poor shepherd from the mountains of Wales and I haven't got a penny to my name. I've been saving for a very long time for this cruise.'

Fe goeliodd yr Ianc bob gair a dyma fe'n rhoi ei fraich dros ysgwydd John a dweud,

'Don't you worry, little guy,' medde'r miliwnydd, 'I guess I'll take care of you for the rest of the cruise.'

Ar ôl dod yn ffrindiau â hwn fu dim rhaid i John fynd i'w boced am weddill y fordaith. Roedd hwn yn talu am y cyfan. Slaten wag oedd gan John ar y diwedd. Fe fu'r ddau yn anwahanadwy. Boed hi'n dri o'r gloch y prynhawn neu'n dri o'r gloch y bore, fe fyddai'r ddau wrth y bar gyda'i gilydd. Ac ar ben y cyfan fe lwyddodd John i werthu merlen fynydd Gymreig i'r Americanwr.

Ac yno y clywais i fe'n dweud rhywbeth sydd erbyn hyn wedi dod yn chwedl arall. Fe ofynnodd y miliwnydd ym mhle'n union oedd Tregaron? A dyma John yn ateb:

'It's just outside the Talbot Hotel.'

Fe fu farw John ddechrau 2015 a rhaid fu mynd i'w angladd yn deyrnged i ddyn arbennig iawn a allai gymysgu â miliwnyddion a gwerinwyr yr un mor hawdd. Roedd ef a Dafydd, ei frawd, wedi ffarwelio â'r mynydd ers ychydig flynyddoedd a symud i lawr gwlad yn Nhregaron. Ond fuodd e byth yr un peth wedyn. Roedd ar goll heb y mynydd. Yna, wythnosau'n unig wedi marw John, bu farw Dafydd. Fedren nhw ddim parhau ar wahân. Mae yna fwlch mawr ar eu hôl.

Fe adawon ni'r llong ar ôl pythefnos, ond fe aeth eraill ymlaen i ymuno â gweddill y fordaith o gwmpas y byd. Mae'n anhygoel meddwl fod pris tocyn i bâr ar gyfer y fordaith lawn dros £32,000. Wrth gwrs, roedd Ifan a finne'n treulio pythefnos fel diddanwyr ar wahoddiad cwmni'r QE2. Fe

Y pedwarawd a grëwyd ar gyfer teithiau America, Ifan, Delyth fi a Bethan Bryn

ddaeth y gwahoddiad pan aeth Ifan a Meinir Lloyd a finne allan i berfformio mewn cyngerdd Gŵyl Ddewi yn Hong Kong yn 1983. Wedi i ni berfformio roedden ni o gwmpas y bwrdd yn sgwrsio, a dyma fi'n dweud wrth y ddau arall:

'Jawch, dyma neis. Dim ond Tsineaid sydd o'n cwmpas ni. Fe allwn i ddweud unrhyw beth ry'n ni'n mo'yn, fydd neb yn ein deall ni.'

A dyma lais ar draws y ford:

'Shwt ych chi heno, bois?'

Oedd, roedd un o'r Tsineaid yn siarad Cymraeg. Roedd e'n dod o Gaerfyrddin ac yn cadw tŷ bwyta Tsineaidd yno. Dai Nam oedd e'n galw'i hunan ac roedd e'n rhugl yn y Gymraeg. Mae gen i syniad iddo fod yn Gynhorwr lleol am sbel.

Yn ystod ein hymweliad fe ddaeth y QE2 i mewn i'r harbwr. Roedd yno gôr meibion yn Hong Kong, llawer o Gymry yn eu plith, ac fe gafodd y côr wahoddiad i ganu ar fwrdd y llong. Yng nghysgod rheiny, fe ges i ac Ifan a Meinir wahoddiad i berfformio hefyd. Doedd neb llai na Joe Loss a'i Fand yn darparu'r gerddoriaeth. Fe wnes i ganu 'O, Sole Mio' i gyfeiliant band Joe Loss. Yn sgil hynny fe gawson ni wahoddiad i ymuno â'r fordaith honno ar y QE2 flwyddyn neu ddwy'n ddiweddarach. Pleser o'r mwyaf oedd gwneud y mordeithiau ar y llongau moethus hyn fel y QE2, yr Astor a llawer un arall.

Ddechrau'r wyth degau dyma wahoddiad i fynd allan i Awstralia, Marian Roberts a finne'n unawdwyr gwadd i Gôr Godre'r Aran. Fe wnaethon ni gychwyn y daith honno ar yr arfordir dwyreiniol yn Sydney a gorffen ar yr arfordir gorllewinol yn Perth, taith o tua 3,000 o filltiroedd. Fe wnes i'r daith arbennig honno ddwywaith gyda'r côr. Yn wir, ro'n i wedi cael gwahoddiad i fynd y trydydd tro i Seland Newydd, ond gorfu i fi wrthod gan mai dim ond tridiau fydde gen i ar ôl dychwelyd o daith mis yn America.

Ar y daith gyntaf fe wnaethon ni gynnal y cyngerdd agoriadol yn Neuadd y Ddinas yn Sydney. Dyma'r arweinydd yn galw ar i'r Cymry a oedd yn bresennol i godi ar eu traed. Roedd y lle'n dal tua dwy fil ac fe gododd trichwarter ohonyn nhw. Roedd y rhan fwyaf ohonyn nhw, yn wahanol i Gymry America, wedi mynd yno adeg yr Ail Ryfel Byd ac wedi hynny.

Trannoeth i un o'r cyngherddau yn Sydney trefnwyd taith o gwmpas y ddinas ar ein cyfer. Ond teimlwn wedi blino wedi'r cyngerdd a phenderfynu peidio â mynd. Yn hytrach fe aeth Robin Glyn, Alwyn a finne am dro bach tawel i'r parc cyfagos. Roedd yn fore heulog, braf ac o'n blaen fe welson ni ferch ifanc yn torheulo.

'Edwards,' medde un o'r ffrindiau, 'edrych ar honna. Dechreua ganu rhywbeth iddi.'

Fe anogodd y ddau fi. Yn wir, doedd dim angen anogaeth a dyma ddechrau:

Ifan Lloyd ar un o'r mordeithiau gyda John Nant-llwyd (cefn) a Dafydd, ei frawd (chwith)

'You are my heart's delight,
And where you are, I long to be;
You make my darkness bright
For like a star you shine on me ...

Erbyn hyn ro'n i wrth ei hymyl. Fe edrychodd arna'i dros ei sbectol haul ac i fyw fy llygaid a gofyn yn hamddenol,
'Can't you whistle?'
Fe adroddwyd yr hanesyn hwn droeon, a'r côr i gyd yn gwybod amdano erbyn amser cinio.
Rwy'n cofio digwyddiad arall ar un o deithiau Awstralia. Yn Adelaide oedden ni, ar ôl y cyngerdd fe aeth rhai ohonon ni am ddiod fach i ymlacio. Fe ddechreuodd y côr ganu, a finne'n ymuno yn y gân. Wrth y bar roedd Awstraliad. Daeth draw a gofyn a o'n i'n ganwr proffesiynol.

ARTISTES FROM DYFED, WALES

present

A CONCERT OF
WELSH AMERICAN SONGS

featuring

IFAN LLOYD - bass   DELYTH EVANS - soprano
BETHAN BRYN - harpist   DAFYDD EDWARDS - tenor
MARGARET RHYS - accompanist

On National Tour 1982

Poster arall yn hysbysebu un o'n cyngherddau

'Yes! Yes!' meddai rhai o aelodau'r côr, 'he's our guest soloist.'

'You surely know my favourite song,' medde fe, 'and if you sing it to me I'll give you 100 dollars,' gan dynnu allan bapur can dolar o'i boced a'i daflu ar y bar. Y gân oedd e am ei chlywed oedd 'La Donna e Mobile', a'r adeg honno doeddwn i ddim wedi ei chanu'n gyhoeddus erioed. Doeddwn i ddim yn hollol siŵr o'r geiriau. Ond dyma rhai o aelodau'r côr yn sicrhau'r dieithryn y byddwn i'n ei chanu bob nos yn y cyngherddau. O weld y can dolar ar y bar ac anogaeth y côr fe aeth anian y Cardi yn drech na fi. A dyma fwrw iddi. Ac yn wir, wedi i fi orffen dyma'r dyn yn gwthio'r papur can dolar i'm llaw. Wedi hynny fe'i cenais i hi ganwaith ar lwyfannau gan gofio bob tro am yr Awstraliad hael.

Rwy wedi perfformio mewn amryw o fannau yn Awstralia. Yn ogystal â Sydney fe fues i hefyd yn Woolagong, Newcastle, Lithgow, Wagga-wagga, Canberra, Melbourne, Adelaide a Perth. Ar y ffordd i Awstralia byddem yn glanio fel rheol yn Singapore. A dyma un lle a greodd argraff arna'i oherwydd ei lendid. Doedd dim sbwriel o unrhyw fath ar hyd ochrau'r strydoedd. Yn wir, roedd y lle mor lân fel y medrech fwyta'ch cinio oddi ar y palmant. Doedd yna chwaith ddim arwyddion o dor cyfraith. Byddai'n hollol ddiogel i ddynes gerdded lawr y stryd am dri o'r gloch y bore yn cario mil o bunnau. Wnâi neb gyffwrdd a hi. Hyn, wrth gwrs, yn sgil cyfreithiau llym y wlad.

Fe dderbyniais i'r gwahoddiad cyntaf i fynd allan i'r Unol Daleithiau i ganu nôl ar ddechrau'r saith degau yn Nhabernacl y Mormoniaid yn Salt Lake City. Ond oherwydd amgylchiadau adre ar y pryd, bu'n rhaid i fi wrthod. Wedi hynny fe ddechreuodd y cysylltiad ag America mewn ffordd braidd yn annisgwyl yn 1973.

Ym mis Mai'r flwyddyn honno ro'n i ar y tractor lawr wrth ymyl Croeswyntoedd. Dyma fws yn dod i gyfarfod â fi. Fedren ni ddim pasio'n gilydd ar y ffordd gul, felly mi facies i nôl i'r groesffordd i wneud lle. Fe stopiodd y bws ac fe ddaeth dyn dieithr allan. Fedrwn i ddim credu fod bws mor fawr wedi mentro ar hyd ffordd mor gul.

'Excuse me,' medde'r dyn, gydag acen Americanaidd gref, 'but could you tell me where I can find Dafydd Edwards the singer? I believe he lives around these parts.'

Fe wnes i esbonio wrtho mai fi oedd yr union ddyn oedd e'n chwilio amdano. Fe gyflwynodd ei hunan fel David Edwin Morgan, twrne o Columbus, Ohio, a dweud ei fod e'n perthyn i fi. A dyna ddechreuad y peth.

Fe wyddwn i o'r gorau, wrth gwrs fod gen i berthnasau allan yn America. Roedd yna gysylltiadau eisoes. Roedd Bet Fowler o Aberaeron wedi priodi â miliwnydd yn Oak Hill, Ohio, sef Evan Davis, Cardi o ran ei wreiddiau. Fe wnaethon nhw roi'r enw Maes-glas ar eu ffarm. Daeth Evan yn un o brif ddynion busnes ardal Oak Hill.

Mae ef a Bet wedi gwneud llawer iawn o ymchwil i'r cysylltiadau Cymreig yno. Ystyrir Evan yn un o ddyngarwyr blaenaf ardal Oak Hill. Ef a'i dad, Eddie Davis, wnaeth ariannu'r gwaith o sefydlu maes awyr yn Jackson County. Sefydlodd fudiad lleol i hybu hanes yr ymfudwyr Cymreig ac enwyd y stadiwm bêl-droed ar ei ôl.

Ychydig cyn iddyn nhw briodi, fe ddaeth Bet draw i

ddweud wrtha i am yr holl berthnasau oedd gen i yn ardal Oak Hill. Yn ôl Bet roedd y ddwy record o'n i wedi eu cynhyrchu yn gwerthu fel slecs yno.

Beth bynnag, dyma David Edwin Morgan a pherthnasau eraill yn dod heibio yn y bws i ngweld i, ac fe roddodd wahoddiad imi i'r Gymanfa Ganu yn Columbus. Fe ges i wahoddiad i'w gartref hefyd. Roedd ganddo fe grand piano, a bob nos ar ôl swper a glasied o win, draw ag ef at y piano, ac yno y bydde fe wedyn am oriau yn ei morio hi, gan chwarae o'r glust bob tro. Rwy'n cofio'i gyfeiriad o hyd, 1973 Wickford Road, Arlington, Columbus, ardal o gartrefi moethus.

Dyna oedd y cychwyniad, Ac yn 1977 fe es i draw, ac Anne gyda fi y tro hwnnw. A byth ers hynny rwy wedi teithio yno rhyw bymtheg i ddeunaw o droeon dros y blynyddoedd.

Fe es i draw a chael fy nghyflwyno i aelodau cymdeithas Gymraeg Oak Hill, ac yn arbennig i aelodau'r hen deulu. Fe ganais i mewn nifer o gyngherddau a chymanfaoedd ac ymweld ag amgueddfa'r Cymry. Lledodd y diddordeb fel tân gwyllt, a finne'n methu dygymod â'r prysurdeb newydd hwn.

Y canlyniad oedd i fi drefnu mynd nôl yno gan wahodd Ifan Lloyd i ddod gyda fi a threfnu taith flynyddol. Fe benderfynon ni ffurfio pedwarawd gyda Delyth Hopkins a'r delynores Bethan Bryn, a Margaret Rhys yn gyfeilydd.

Dyna roi cychwyn ar rywbeth mawr. Fe fydden ni'n treulio tua mis allan yno ar y tro, gan ymweld â nifer o daleithiau. Fe fydden ni'n perfformio deirgwaith neu bedair bob wythnos. Yr adeg honno ro'n i'n canu'n amlach yn America nad oeddwn i, bron iawn, yng Nghymru. Dyma ichi flas o enwau'r taleithiau y bûm yn canu ynddynt: Washington (y dalaith a'r brifddinas), California, Montana, Arizona, New Mexico, South Dakota, Colorado, Nebraska,

Nevada, Kansas, Oklahoma, Texas, Minnesota, Wisconsin, Illinois, Michigan, Ohio, West Virginia, Pennsylvania, New Hampshire, New York a Niagra Falls. Bu Canada hefyd yn lleoliad sawl cyngerdd, mannau fel Vancouver Island, Vancouver, Calgary, Edmonton, Tornto a Winnipeg.

Mae'n ystrydeb dweud fod popeth yn fwy yn America. Ond mae e'n berffaith wir hefyd. Rwy'n cofio aros ar ffarm yn South Dakota, lle'r oedd perthnasau i Dai Llety-shôn, neu Dai 'Dynamo' Davies yn byw. Roedd Dai, a oedd yn weithgar iawn ym myd pêl-droed, yn ddisgynnydd hefyd i Dafydd Brynele. Roedd hwnnw'n dad-cu i fam Dai. Y cyfan a wyddwn i am y lle cyn hynny oedd geiriau cân Doris Day, 'The Black Hills of Dakota'. Roedd y ddaear yn y rhan hon o'r dalaith mor sych a thywyll fel mai dim ond cnydau o Flodau'r Haul fedren nhw dyfu yno. Roedd gan y tad a'r mab gombein mawr ar gyfer clirio tua dwy fil o erwau o'r blodau ar gyfer gwneud olew. Fe ofynnais i a oedden nhw'n cadw gwartheg o gwbwl. Yr ateb ges i oedd:

'Dim ond rhyw dri neu bedwar cant ohonyn nhw, digon ar gyfer arian poced i'r wraig a finne ei wario ar ein gwyliau draw yn Texas dros y gaeaf.'

Fe ddywedodd wedyn fod y mart agosaf tua 140 milltir i ffwrdd. Ond doedd e byth yn mynd i'r farchnad. Pan fydde angen gwerthu rhai o'r gwartheg fe fydde fe'n anfon ffilm ohonyn nhw bant, fel y gallai darpar brynwyr gynnig amdanyn nhw ar sgrin mewn arwerthiant. Fe fydde fe'n prynu gwartheg yn yr un modd.

Roedd pob cae yn mesur milltir sgwâr, hynny'n golygu caeau o 640 erw yr un. Roedd ganddo dractor *Case Agri King*, anghenfil o beth, ac o'r un gwneuthuriad â thractor cynta Nhad ond yn llawer iawn mwy. Llusgai oged ddisg o'i ôl yn mesur 38 troedfedd o led. A finne ym mwlch un o'r caeau, fe wahoddodd fi i roi cynnig arni. Fe esboniodd wrtha i, os teimlwn i'n sychedig, fod yna gwpwrdd coctels y tu ôl i sedd y gyrrwr. Fe yrrais i i'r pen draw a nôl, a hynny heb i fi gael fy nhemtio gan y coctels. Cymerodd hynny ddeng munud. Golygai hynny, medde fe, i fi lyfnu rhwng wyth a deg erw o fewn y deng munud hwnnw.

Fe wnes i gyfarfod hefyd â chymuned o'r Hutterites, criw o bobl grefyddol sydd, fel yr Amish, yn byw'r bywyd syml, cynnil. Roedden nhw, yn wahanol i ffarmwr y Blodau Haul, yn ffarmio drwy'r hen ddulliau gyda cheffylau, ac yn teithio i bobman mewn cart a cheffyl. Doedd arferion y byd modern ddim yn cyffwrdd â nhw.

Un tro, pan es i draw, roedd perthynas i'r teulu wedi marw yn Venodocia yn Van Wert County. Roedd yno ddwy chwaer o dras Cymreig, aelodau o deulu Brynele, ac un o'r rheiny oedd newydd farw. O glywed fy mod i draw yno, fe ofynnwyd i fi ganu yn yr angladd. Roedd hi'n daith o gant a hanner o filltiroedd un ffordd. Ond dyw hynny'n ddim byd allan yno. Fe genais 'The Holy City'. Wedyn fe gwrddais â'r teulu. Tri theulu o Gymru wnaeth sefydlu Venodocia, teuluoedd o Lanbryn-mair, Darowen a Threfeglwys a oedd wedi ymfudo yn 1847.

Yn ystod taith 1989 fe ges i gyfle hefyd yn America i aros yn Las Vegas fwy nag unwaith, fi a Colin Jones, arweinydd Côr y Rhos, a Trebor Gwanas.

O sôn am Colin Jones, dyma i chi, yn fy marn i, athrylith o ddyn. Person diymhongar, ond dyw'r hyn na ŵyr e am gerddoriaeth a chanu ddim yn werth sôn amdano. Mae e'n athro llais o'r radd flaenaf ac yn meddu ar lais godidog ei hun. Bûm yn ffodus iawn o'i gwmnïaeth a'i gynghorion yn ystod fy ngyrfa fel canwr.

Roedd yn Las Vegas un stryd bedair milltir a hanner o hyd heb ddim byd yno ond casinos. Roedden ni'n aros yng ngwesty'r Union Plaza lle'r oedd casino ynghyd â mil o stafelloedd gwely. Ar draws y ffordd roedd casino'r Golden Nugget. Pan o'n i allan yno doedd drws y casino hwnnw ddim wedi'i gloi ers tair blynedd ar hugain. Roedd e'n agored ddydd a nos.

Fe gawson ni wybod gan yrrwr tacsi am bâr o hen bensiynwyr oedd wedi lletya yn yr Union Plaza fis yn gynharach. Fe fuon nhw yn y casino yn treio'u lwc, ond dim byd. Yna, y bore o'n nhw'n gadael fe alwon nhw mewn am un gambl arall. Fe newidion nhw arian papur ugain doler. Dyma ddechre chwarae ac ymhen pump neu ddeg munud dyma'r clychau'n canu. Roedden nhw wedi hitio'r jacpot, chwe miliwn a hanner o ddoleri.

Ychydig cyn hynny roedd tad a mab, gamblwyr proffesiynol, wrthi'n gamblo ac yn eu hanes nhw eto dyma'r clychau'n canu. Fe ddaeth un o'r goruchwylwyr draw i'w llongyfarch a gofyn pun o'r ddau oedd wedi ennill?

'Fi,' medde'r mab.'

'Faint yw dy oedran di?'

'Fe fydda i'n un ar hugain ymhen deuddydd.'

'Sori,' medde'r goruchwyliwr.' Rwyt ti'n rhy ifanc i gamblo.'

Do, fe gollodd ffortiwn am ei fod e ddeuddydd yn rhy ifanc. Mae un perthynas agos i fi'n byw yn Nevada hanner y flwyddyn a'r hanner arall yn Florida. Y rheswm am hynny yw bod Talaith Nevada yn rhydd o drethi. Yno mae e'n bancio'r cyfan. Bob O'Brien yw ei enw ac y mae wedi bod draw yma. Roedd e'n ganwr da a roedd hi'n bleser ei glywed e'n canu 'Arafa Don'. Fe fyddai honno wedi bod yn gân addas iawn i'w ragflaenwyr a wynebodd beryglon croesi Môr Iwerydd.

Un tro, tra oeddwn i draw yno gyda'r pedwarawd – Ifan, Delyth, Bethan Bryn a finne – fe ymwelais â pherthynas oedd â ffarm saith neu wyth can erw yn Oak Hill. Hen lanc oedd e, a neb i'w olynu yn etifedd. Roedd e'n gefnder agosaf i David Edwin Morgan. Yno, heb unrhyw seremoni, fe gynigiodd y lle i fi. Y cyfan fydde angen i fi ei wneud oedd symud draw i fyw yno.

Fe syrthiais i mewn cariad â'r lle ar unwaith. Ar y ffordd nôl ar yr awyren, y cyfan wnaeth Ifan a fi oedd trafod y cynnig. Yn wir, roedd gan Ifan ei hun ddiddordeb mewn mynd nôl gyda fi ac agor garej neu ddwy yno. Ar ôl cyrraedd adre fe alwyd cyfarfod, Anne a fi ac Ifan a'i wraig, Margaret. Y syniad oedd dychwelyd ar unwaith i weld y lle ac i'w gerdded. Wnaeth y drafodaeth ddim para'n hir. Fe ddwedodd y gwragedd ar unwaith, os wnâi Ifan a finne fynd draw i fyw, y bydden ni'n mynd yno'n ddynion sengl. A dyna ben ar bethe.

Roedd y dynfa at Ohio yn rhywbeth naturiol. Roedd ef yn y gwaed. Ond y man a wnaeth fy nenu i fwyaf oedd Oklahoma. Roedd y dalaith honno wedi bod yn gyfrifol am gynnal Awstralia gyfan mewn grawn ar adeg o sychder am bum mlynedd gyfan. Meddyliwch, un dalaith yn cynnal cyfandir.

Yn y rhan honno, ardal Enid yn Garfield County, roedd pwmp olew a elwir yn 'nodding donkey' a thanc enfawr ar ben pob lôn. Unwaith yr wythnos fe wnâi lori dancyr alw i gasglu'r olew. Roedd hwn yn ddull o arallgyfeirio ac yn fonws i bob ffermwr. Roedd e'n atgoffa rhywun o ddyddiau'r stand a'r lori laeth nôl yng Nghymru slawer dydd.

Fe wnaeth dwy chwaer o'r Edwardsiaid briodi i mewn i deulu o farwniaid olew yn Enid, sef y Chamberlains, teulu amlwg iawn yn yr ardal. Roedden nhw'n byw mewn plasty anferth gyda darluniau olew mewn fframiau aur ar bob wal. Roedd yno gyfoeth dychrynllyd. Trigai perthynas arall, y Doctor Lloyd Edwards, arbenigwr ar y glust, trwyn a'r gwddf, gerllaw. Pan welodd e fi'n smocio pib, fe geisiodd ei orau i mherswadio i roi'r gorau iddi, hynny'n enwedig gan fy mod i'n ganwr. Fe wrandewais i arno yn y diwedd.

Colin Jones a finne yn y drin, y ddau wedi'n pigo gan fosgito!

Fe deithiais i cymaint fel y gallwn i lenwi llyfr cyfan ag atgofion am hynny'n unig. Mae ambell ddigwyddiad yn werth ei gofnodi. Cyfeiriais eisoes at Colin Jones. Un peth am Colin oedd ei fod e'n darged naturiol i fosgitos. Byddent yn ei fwyta fe'n fyw. Un tro allan ar un o deithiau America, fe'i brathwyd mor wael fel i'w gorff gael ei wenwyno a bu'n rhaid mynd ag ef i'r ysbyty.

Un tro, yn dilyn mordaith yn 1987, fe fu'n rhaid hedfan nôl i Heathrow, sefyll dros nos yno a gadael am yr Almaen y bore wedyn gydag Ifan Lloyd a Chôr y Rhos. Yno un bore, dyma weld Colin â'i fys bach wedi'i lapio mewn rhwymyn yn dilyn brathiad. Yna dyma finne'n cael fy mrathu ar fys bach yr un llaw a gorfod cael rhwymyn. A dyna lle'r oedden ni ar y llwyfan, Colin y cyfeilydd, a finne'r canwr, a'n bysedd wedi'u rhwymo. Bu hyn yn destun sbort i bawb.

Bryd arall, yn 1980 roedd Ifan a finne wedi cyrraedd Heathrow er mwyn ymuno â Colin a'r côr ar gyfer taith i Ganada. Dyna lle'r oedden ni'n disgwyl a disgwyl heb sôn am y côr. Yna dyma sylweddoli ein bod ni yn Nherfynfa 4 a'r côr yn Nherfynfa 2. Fe'n rhuthrwyd ni draw mewn cerbyd brys a chyrraedd fel yr oedd drysau'r awyren ar fin cau.

Bryd arall, yn Cincinnati, roedd Ifan wedi colli ei docyn hedfan. Cofiodd wedyn iddo'i falu'n ddarnau fel conffeti'r noson cynt gan feddwl mai hen docyn oedd e. Bu'n rhaid i ni ruthro'n ôl i'r gwesty, chwilio drwy'r biniau sbwriel y tu allan, adfer y darnau â'u gosod nhw nôl gyda'i gilydd.

Taith fythgofiadwy arall oedd honno i'r Gymanfa Ganu Genedlaethol ar Ynys Vancouver a'r daith wedyn lawr arfordir gorllewinol America. Roedden ni'n lletya yn yr Empress Hotel, yr ail westy mwyaf yn y byd ar y pryd. O dan y gwesty roedd canolfan siopa danddaearol gymaint ag Aberaeron gyfan. Roedd llond tri bws ohonon ni yno o Gymru.

Roedd honno'n dair wythnos o daith, yn gyntaf i Seattle a San Francisco ac yna ymlaen ar hyd yr arfordir drwy Carmel, lle'r oedd Clint Eastwood yn Faer, ac ymlaen i Santa Monica a Malibu a Los Angeles. Tra yn Los Angeles cafwyd un profiad annifyr. Fe aeth aelod o'r cwmni ar goll. Roeddem wedi bod allan yn Long Beach i weld y llong y 'Queen Mary', a'r bysys yn ein cludo nôl am fwyd, taith o tua 40 milltir. Wedi cyrraedd yno, dyma wraig yn cyhoeddi fod ei gŵr ar goll. Wel, dyma argyfwng! Doedd e ddim ar yr un o'r bysys a doedd dim ffôn symudol gan neb bryd hynny. Gorfu i Ifan a fi gymryd tacsi a mynd nôl yr holl ffordd i Long Beach a holi yno a oedd rhywun wedi gweld y dyn. Yn cawsom i rywun fod yn sgwrsio â dyn oedd ar goll ac iddo, wrth siarad, gofio enw'i westy. Pan gyrhaeddon ni nôl y noson honno roedd e yno yn y cyntedd yn ein disgwyl ni ac yn gofyn ble oedden ni wedi bod!

Ymlaen â ni wedyn am anialdir Nevada drwy hen dref gowbois Calico, cael gweld yr Hoover Dam, Wythfed

Rhyfeddod y Byd, ac aros yn Las Vegas cyn bwrw ymlaen am y Grand Canyon. A dyna brofiad oedd cael gweld hwnnw. Mae e'n fwy o faint na Chymru. Fe'n hedfanwyd mewn hofrennydd dros y ceunant anferth. Roedd un aelod o'r cwmni â chymaint o ofn hedfan fel iddo yfed potelaid o jin cyn mynd ar yr hofrennydd. O'r herwydd welodd e ddim o'r Grand Canyon. Fe gysgodd.

Teithiau eraill y gwnes eu mwynhau'n arbennig oedd y rheiny i'r Iseldiroedd. Yn 1990 fe dderbyniais wahoddiad i ymuno â Chôr y Mil o Leisiau yn Lido Afan, Aberafan. Yno'r noson honno roedd arweinydd corau unedig Mil o Leisiau'r Iseldiroedd, Nan van Groeningen. Gwahoddwyd fi, ynghyd â Mary Lloyd Davies i fynd allan i Appledorn fel unawdwyr gyda Chôrau Unedig Cymru a'r Iseldiroedd o ddwy fil o leisiau. Penwythnos bythgofiadwy.

Ar y nos Wener ro'n i'n perfformio yn Nhywyn gyda merched Cwlwm. Ar ôl y cyngerdd fe wnes i yrru fyny i Rosllannerchrugog at Colin Jones. Ar ôl ychydig oriau o gwsg, fyny â ni i Faes Awyr Manceinion, hedfan i Amsterdam a theithio 80 milltir mewn tacsi i Appeldorn. Wedyn bu'n ras wyllt i gael hyd i'r cyfeilydd er mwyn cael ymarfer.

Roedd cynulleidfa o 15,000 yn y cyngerdd ynghyd â dwy fil o leisiau ar y llwyfan. Ymhlith y caneuon wnes i eu canu roedd 'O Sole Mio', 'Arafa Don', 'Nessun Dorma'; a chanu deuawd allan o 'La Boheme' gyda Mary sef 'O Soave Fanciulla' ('Lovely Maid in the Moonlight').

Wedyn rhaid fu dathlu gyda'r corau. Doedd dim gorffwys trannoeth. Bu'n rhaid codi yn y bore bach i ddal tacsi nôl i Amsterdam, hedfan yn ôl i Fanceinion a gyrru i'r Rhos. Ar ôl oriau prin o gwsg, bant â fi eto i gyngerdd arall ym Mae Colwyn gyda Colin a Chôr y Rhos. Wn i ddim sut nes i yrru adre'r noson honno,

Yn dilyn o'r cyngerdd yn Appeldorn gwahoddwyd fi i

ddychwelyd i'r Iseldiroedd y Nadolig wedyn a'r flwyddyn ganlynol ac yna cyngherddau eraill yn y gwanwyn heb sôn am berfformiad arall eto yn Neuadd Albert gyda'r Mil o Leisiau.

Teithiau cwbl wahanol i'r rheiny i'r fu'r ddau ymweliad â Lagos yn Nigeria yn 1981 a 1985. Roedd bywyd y dyn gwyn allan yno yn un moethus iawn gyda gweision a morynion, cogyddion a garddwyr duon. Roedd bywyd y brodorion yn gwbl wahanol. Doedd e'n ddim byd gweld cyrff meirw yn gorwedd ar y strydoedd a phobl yn cerdded heibio a hyd yn oed yn camu drostyn nhw.

Ar fy ail ymweliad cefais gwmni Tom Gwanas, Annette Bryn Parry a Marian Roberts. Fe wyddwn o brofiad am y wledd o fwydydd fyddai'n ein haros gyda llwythi o gorgimychiaid, un o'm hoff ddanteithion. Ar yr awyren ar y ffordd draw fe wnes i rybuddio'r lleill i beidio â chyffwrdd â'r bwyd môr gan y gallent fynd yn sâl o'i fwyta. Roedd hi'n werth gweld eu hwynebau pan welson nhw fi yn bwrw mewn i'r corgimychiaid.

Ond yn ôl at yr Unol Daleithiau. Ers sawl blwyddyn, bu Anne a minnau'n sôn bob hyn a hyn, mor braf fyddai dychwelyd i Ohio i ymweld â'r perthnasau â'r ffrindiau sydd yno. Y llynedd, felly, dyma benderfynu bod trip i fod eleni. Ond fel y datblygodd pethe, fe dyfodd i fod yn ymweliad teuluol, gyda Menna, Gwawr, Dan a Nel fach yn teithio yno hefyd.

Yr hyn a newidiodd y trefniadau oedd i Gwawr dderbyn gwahoddiad i gymryd rhan yng Ngŵyl Cymru Gogledd America. Mae'r ŵyl flynyddol hon, fel ein Heisteddfod Genedlaethol ni, yn ŵyl deithiol, a gynhelir yn ystod wythnos gyntaf Medi, a'i chartref eleni oedd Columbus Ohio. Yn sgil hyn, fe ddaeth cwmni teledu allan yno hefyd i wneud rhaglen yn dilyn taith Gwawr yn Ohio. Fe gefais inne'r fraint o gymryd rhan yn seremoni agoriadol yr ŵyl

Gydag aelodau o gangen Oregon o hen deulu Brynele, Richard Davies a'i deulu

hefyd. Yno, roedd yn wefr cael ail gyfarfod â Richard a Beverly Davis o Oregon. Doeddwn i ddim wedi eu gweld ers dros bum mlynedd ar hugain pan alwon nhw i'n gweld ym Mhlas-y-Bryniau. Roedd Margaret, hen fam-gu Richard, wedi'i geni yng Ngroeswyntoedd, gan adael am America yn 14 oed gyda'i theulu yn 1865.

Trannoeth i'r ŵyl, roedd aduniad teuluol wedi'i drefnu yn Oak Hill, gan milltir i'r de o Columbus. Ac fe ddaeth llond lle o ddisgynyddion yr Edwardsiaid a ffrindiau ynghyd i gapel Moriah ar brynhawn chwilboeth o Fedi. Roedd y tymheredd yn 95 gradd C; ac mi roedd gwledd o fwyd wedi'i pharatoi, a bu yna ganu a hel atgofion am y prynhawn. Fe ges gyfle hefyd i ymweld â chapel a mynwent Bethel, lle y claddwyd Rhys Edwards fy hen hen hen dad-cu.

A fydde dim un ymweliad â de Ohio yn gyflawn heb ymweld â bwyty Bob Evans am frecwast; a dyna wnaethom y bore wedyn, ac ymweld â Phrifysgol Rio Grande cyn mynd lawr i Gallipolis, sydd ar lan yr afon Ohio. Yno, yn

*Disgynyddion teulu Brynele wedi ymgynnull i goffau'r sefydlwyr
cynnar yn Oak Hill adeg Gŵyl Cymru Gogledd America*

*Y teulu ym Mynwent Bethel, Oak Hill wrth fedd
fy hen, hen, hen dad-cu, Rhys (Rees) Edwards*

1818, y glaniodd y Cymry wedi teithio lawr yr Ohio o Pittsburg.

Tra yn Gallipolis, fe gyflwynwyd yn rhodd i ni Feibl teulu Rees N. Edwards – tad yr Edwards Sisters. Fe adawodd ef Groeswyntoedd yn blentyn 11 oed, ac mae'r Beibl nawr wedi dychwelyd i gartref y teulu. Roedd Rees N. yn frawd i Margaret ac i David, tad-cu Penrod Edwards, y nesaf o'r teulu y byddem yn ymweld ag ef ar ein taith.

Bu'n freuddwyd gen i erioed i ymweld â Montana. Cawsom wahoddiadau droeon gan y teulu a hyd yn oed wahoddiad i briodas ar un o'r 'ranches,' ond bu'n rhaid gwrthod bryd hynny oherwydd prysurdeb ar y fferm adre. Mae'r "Big Sky Country" yn fawr a gwag. Mae e'r un maint â'r Almaen – ond y gwahaniaeth mawr yw tra bod yna 80 miliwn o bobol yn yr Almaen, poblogaeth Montana yw un filiwn. Oedd, mi roedd yno ddigon o ddaear ac unigeddau.

Cawsom groeso twymgalon a lletygarwch diddiwedd gan Pen a'i wraig Liz. Eu cartref dri-chwarter y flwyddyn yw Boulder Colorado; ond bob mis Mai fe fyddan nhw'n codi pac a mynd am Montana i dreulio rhyw bedwar mis yn eu caban ger Llyn Jackson. Mae'r llyn tua phedair mil a hanner o droedfeddi fyny ym mynyddoedd y Rockies, ac o'i amgylch fe ymestyn y mynyddoedd fyny hyd tua wyth mil a hanner o droedfeddi, gydag eira ar rai o'r copaon er bod y tymheredd ger y llyn yn y 70au.

Mae yna ddau gartref ar hugain o gwmpas y llyn, gyda rhai pobol yn byw yno gydol y flwyddyn; ond llawer fel Pen a Liz yn treulio misoedd yr haf yn unig yno. Pobl gyfoethog wedi ymddeol oeddynt i gyd. O gwmpas yn y goedwig roedd pob math o anifeiliaid gwyllt, sawl math o garw, eirth, twrcïod gwyllt a bleiddiaid. Ac yn un pen o'r llyn nythai'r eryrod aur, a oedd i'w gweld yn aml yn hedfan uwch ein pen.

Ar ôl bwrlwm a phrysurdeb yr ŵyl yn Columbus, roedd

Pen, Liz, Tim a Gayle o Montana

tawelwch Llyn Jackson yn ddelfrydol ar gyfer ymlacio'n llwyr. Y dref agosaf oedd Missoula, 75 milltir i ffwrdd.

Athrawes fu Liz gydol ei gyrfa. Treuliodd Pen ei oes waith mewn electroneg gan gychwyn yn 13 oed yn trwsio setiau radio. Dringodd i fod yn rheolwr ac yna'n arolygwr technegol gyda Thalaith Montana a Gwasanaeth Fforestydd yr Unol Daleithiau. Bu'n ymchwilydd ym Mhrifysgol Montana mewn cynllunio offerynnol meteorelegol gan deithio ledled y byd a bu'n gyfarwyddwr technoleg uwch mewn systemau cyfathrebu technolegol cyn ymddeol yn 2000. Ar ben hynny bu'n ddrymiwr mewn band dawns am ugain mlynedd.

Roedd yr hanes a gawsom gan Pen am ei dad, Tom, yn ddiddorol tu hwnt. Roedd yn athro wrth ei alwedigaeth, ond roedd hefyd yn gerddor, yn artist, yn naturiaethwr ac yn dywysydd neu 'outfitter'. Hynny yw, yn ystod misoedd yr haf, adeg gwyliau ysgol, byddai'n arwain pobl ar hyd y llwybrau dros fynyddoedd y Rockies. Ef, mae'n debyg oedd yr unigolyn cyntaf yn yr Unol Daleithiau i wneud hynny. Cyn hyn, llwybrau'r Llywodraeth a'r adran goedwigaeth yn unig a fodolai. Tyfodd yn chwedl; ac enwyd un o lwybrau Sgapegoat Mountains ar ei ôl. Dyfynnaf o'r gofeb sydd iddo yn y mynyddoedd.

'Hobnail Tom Trail.

Over this trail, for more than thirty years, Tom Edwards (1899-1975), founder of Whitetail Ranch, outfitter, teacher, artist, naturalist and champion of the wilderness led many hundreds of people into the wild country that was his passion, introducing them to its beauty, mystery and power. Hobnail Tom seized each moment in the mountains, and made it for others a life time gift,

Pan fu farw, gwasgarwyd ei lwch ar unigedd y Scapegoat Mountains.

Tra ym Montana, fe deithion i ardal Choteau, lle'r oedd gan Tom Edwards a'i frodyr ffermydd grawn. Ar ein ffordd yno dyma fynd drwy Fairfield, 'the malting barley capital of the world', gan fynd heibio i res ar ôl rhes o 'silos' grawn anferthol eu maint. Mae rhyw gymaint o fferm ei dad yn eiddo i Pen o hyd, ac erbyn hyn mae mewn cynllun amaeth amgylcheddol tebyg i'n Glastir ni. Y diwrnod i ni ymweld â'r ffermydd, roedd un ffermwr newydd hau dros chwe chan erw o lafur gaeaf! Dywedodd y dylsai fod wedi hau wyth can erw, ac fe fyddent weithiau'n gallu hau hyd at fil o erwau'r dydd gyda thractor nerth chwe chan ceffyl a dril oedd rhwng deugain a hanner can troedfedd o led! Mae 63% o ddaear Montana yn gysylltiedig â ffermio neu 'ranching', a chyfartaledd maint pob fferm yw 2,714 erw.

Y lle nesa oedd Great Falls, lle'r oedd Beti, cyfnither Pen yn byw. Hi yw hanesydd y teulu a cheidwad yr hen luniau teuluol. Athrawes oedd hi wrth ei galwedigaeth, a bu'n dysgu ar un o 'reservations' yr Indiaid ger Great Falls. Ym Montana, mae saith gwarchodfa i'r Indiaid cynhenid yn ymestyn dros 13,000 o filltiroedd sgwâr, sef rhyw 9% o arwynebedd Montana. Ynddynt mae un ar ddeg o'r prif lwythi'n byw. Y llwyth mwyaf ym Montana yw'r Blackfoot, gyda rhyw wyth mil a hanner yn byw ar neu yn ymyl eu gwarchodfa. Ar warchodfa'r Crow, mae yno tua saith mil a hanner o bobol, ac mae'n debyg bod 85% ohonynt yn siarad Crow fel eu hiaith gyntaf.

Gan Beti cawsom ychydig o hanes ei thad-cu hi a Pen. David oedd hwnnw, y plentyn bach saith oed a adawodd Groeswyntoedd yn 1865 am Ohio. Wedi tyfu a phriodi, symudodd ef a'i wraig Mary a'u tri phlentyn bach i Hartline yn nhiriogaeth Washington; yno ym mis Mehefin 1889 y ganwyd eu pedwerydd plentyn – y plentyn gwyn cyntaf i'w eni yn nhiriogaeth Washington. Eu seithfed plentyn a'r ieuengaf oedd Tom, tad Pen. Eu cymdogion yn Hartline oedd yr Indiaid, ac yn ôl Beti, pan fyddai'r rheiny o gwmpas, fe fyddai'r plant i gyd yn rhedeg i guddio mewn ofn.

Yn 1914, fe symudodd y teulu i Montana, lle'r oedd yn bosib cael 160 o erwau yn rhad ac am ddim, gan fod Llywodraeth yr Unol Daleithiau yn annog pobol i fynd am y gorllewin i ymsefydlu ar y tiroedd. Cyn gadael Great Falls, fe ymwelsom â mynwent y dref lle claddwyd David a Mary. Bu'r ddau farw yn 1943, fis yn brin o ddathlu eu priodas ddiemwnt. Gobeithio y caf gyfle eto i ddychwelyd i Montana i gael mwy o hanes am yr Indiaid yn y dalaith.

Melys glanio draw

Fe ddylwn i oedi yma i olrhain y cysylltiadau teuluol dirifedi sydd yn Ohio, a thu hwnt hefyd erbyn hyn. Ymhlith rhyw 40 miliwn o fewnfudwyr a gyrhaeddodd America o wledydd Ewrop yn y ddeunawfed ganrif a'r bedwaredd ganrif ar bymtheg, roedd rhyw ddeng mil o Gymry. O blith rheiny aeth rhwng tair a phedair mil o ganolbarth Ceredigion.

Gwyddom fod yna sefydliadu Cymreig yn Paddy's Run ger Cincinnati, de-orllewin Ohio er 1801, ac yn y Welsh Hills ger Granville er 1803. Yn 1818 felly fe ddechreuodd teuluoedd lleol Tir-bach, Penlan-las, Tŷ Mawr, Rhiwlas a Phantfallen drefnu i adael er mwyn ymuno â'r Cymry a oedd eisoes wedi setlo yn Paddy's Run.

Gadawodd yr ymfudwyr cyntaf y fro, o ardal Cilcennin yn benodol, yn 1818. Y rheswm am ymadael oedd terfysg a thlodi. Yn dilyn Rhyfeloedd Napoleon roedd tenantiaid yn methu talu'r rhent ac roedd amryw yn dioddef o newyn. Deilliodd y tlodi'n rhannol o ganlyniad i'r codiadau llym mewn trethi. Yng nghanol y terfysg roedd helyntion cau'r tir comin. Roedd Merched Beca'n allweddol hefyd yn brwydro yn erbyn annhegwch y tollau. Malwyd un tollborth yn yr ardal hon, ger Llan-non.

Arweinydd y fintai gyntaf o dri dwsin, yn cynrychioli chwe theulu estynedig oedd John Jones, Tir-bach, tafarnwr y Ship ym Mhennant. I Lerpwl yr aethon nhw gyntaf, ond bu'n rhaid iddyn nhw oedi yno am fis yn disgwyl lle ar long. Fe barhaodd y fordaith drafferthus ddiwrnod yn brin o saith wythnos a bu farw merch fach John a Mary Evans, Pant-glas yn ystod y fordaith a'i chladdu yn y môr. Fe lanion nhw yn Chesapeake Bay, Baltimore.

Daniel Edwards, Brynele, y cyntaf i adael yn 1833

O hynny ymlaen gadawodd minteioedd yn rheolaidd. Ceir hanesyn am fintai o 175 yn gadael harbwr Aberaeron am Ohio yn 1839, pawb yn eu dagrau ar fwrdd y llong ac ar y cei, a phedwar o'r ymfudwyr yn canu emyn John Thomas, 'Am fod fy Iesu'n fyw' wrth ymadael. Priodol iawn oedd dwy linell o'r pennill cyntaf:

Bydd melys glanio draw
'Rôl teithio o don i don.

O bryd i'w gilydd fe ddeuai gair am hanes y teuluoedd yn y wlad newydd, a'r sôn bod yna gyfle am dir a daear yn eitha rhad, a'r gobaith gwirioneddol am fywyd gwell. Doedd teulu Brynele ddim yn ddieithr i'r newyddion a'r wybodaeth hon. Yn anffodus roedd y tir mor sych a chaled fel i ardal Gallia a Jackson gael ei hadnabod fel Gwlad yr Asgwrn. Ond fe wnaethon nhw ddyfalbarhau a llwyddo.

Yn ffermio Brynele roedd Nathaniel a Mary Edwards. Fe wyddom fod ganddynt o leiaf naw o blant – Rhys, Dafydd, John, Edward, Evan, Margaret, Daniel, Nathaniel II a Mary.

Credaf i'r flwyddyn 1833 fod yn un dyngedfennol yn hanes y teulu. Ym mis Mai y flwyddyn honno bu farw Nathaniel, y tad, yn 74 mlwydd oed a'i gladdu ym mynwent eglwys Nantcwnlle lle claddwyd John, ei fab, saith mlynedd yn gynharach. Yn 1833 hefyd fe ymfudodd Jenkin a Susannah Hughes o Gilcennin a phump o blant. Roedd merch i Jenkin a Susannah, sef Mary wedi priodi â Daniel

Edwards un o fechgyn Brynele ac yn byw yng Nglanbrân, ac roedd Jenkin a Susannah yn daer i'w merch a'u mab yng nghyfraith ymuno â nhw ar y fordaith.

Y flwyddyn ganlynol felly, wedi deall bod cymdogion eraill, Tomi a John Alban a John E. Evans

Yn Granville, Ohio gyda disgynyddion i deulu Brynele

wedi penderfynu gadael am America, dyma Daniel a Mary yn bwrw ati i wneud trefniadau i fynd gyda nhw. Erbyn 1 Awst 1834 roedd yr oll a feddent wedi eu pacio mewn bocs pren o faint 5 x 2½ x 2½ troedfedd.

Fe barhaodd y fordaith wyth wythnos, ac ar 8 Hydref fe laniodd y pedwar teulu yn Philadelphia. Y trefniant oedd mynd mewn wagen i Pittsburg ac yna ar rafft lawr yr afon Ohio mor bell â Gallipolis. I'r fan honno y daeth John Evans, Penlan-las i'w cyfarfod a mynd â nhw i Symmes Creek a chael ailgyfarfod â hen ffrindiau nad oeddynt wedi eu gweld ers 16 mlynedd.

Fe brynodd Daniel Edwards 120 erw o dir am $600 dolar, wedi'i leoli ar ochr ogleddol y ffordd o Oak Hill am Moriah. Dywedir bod yno gaban pren eisoes, a bod y ddaear wedi'i chlirio'n barod. Dyna pam, hwyrach, iddo dalu cymaint gan mai rhyw $1.50 yr erw oedd tir heb ei glirio. Wrth ysgrifennu amdano, dywed gor-nai am Daniel Edwards:

Llun o Rhys N. Edwards a'i wraig Ada

He was large of body with a mind correspondingly large. He could neither be frightened or conquered easily. He was known as a peace-maker, often called upon to settle disputes. His judgements showed intelligence and wisdom. He was generous in his contribution to the cause of the church.

Ac yn wir un o'r pethau cyntaf a wnaed ar ôl cael y cartref i drefn oedd mynd ati i sefydlu lle o addoliad. Pan oedd yn Cincinnati, fe glywodd y Parchedig Edward Jones am y sefydliad ger Oak Hill ac fe deithiodd yno a phregethu ar 23 Tachwedd 1835 yng nghartref John E. Evans, a'r Sul canlynol yng nghartre Daniel a Mary Edwards. Hyn a arweiniodd at sefydlu eglwys Moriah i'r Methodistiaid Calfinaidd, eu heglwys Gymraeg gyntaf.

Roedd yna 14 o aelodau gwreiddiol, a'r enwau cyntaf ar y llyfrau oedd Daniel a Mary Edwards, John E. Evans, Thomas a Margaret Evans, Thomas a Mary Alban, Ann

Rhys N. Edwards ar y dde gyda David Edwards, aeth i Montana ac Elizabeth, Oak Hill

James, William ac Ann Evans a Thomas Evans. Trysorydd yr achos o'r sefydlu hyd ei farw yn Rhagfyr 1866 yn 66 oed oedd Daniel Edwards. Erbyn 1839 cynyddodd nifer yr aelodau i 150, a chynyddu hefyd wnaeth teulu Daniel a Mary.

Ganwyd y pum plentyn hynaf yng Nghymru, sef Isaac, Susan, Elizabeth, John a Mary, ac yna tri eto yn Ohio, sef Catherine, Jenkin a Margaret. Fe briododd dwy o'r chwiorydd, Elizabeth a Catherine â dau frawd, David a John Williams, gynt o deulu Pantybeudy, Llangeitho. Wrth ysgrifennu am ei dad-cu, 'Grandfather Edwards', dywed Dan Luther Edwards am Daniel:

The folks would talk about him with a sort of reverence that impressed me deply. The impression that I have received of my Grandfather, not only from the family at home, but also in later life, as I heard him spoken of was that he was a good man, a great man, a man to be feared, to be honoured to be obeyed. Not only members of his family, children and grandchildren, but those of the collective community, members of the church and of the churches of that part of the state had such a respect for him that they would not disobey Daniel Edwards, not because they were afraid of what he might do or say to them when he found out, but because they felt towards him in a way that they would not willingly and knowingly disappount him for the world. There was a reverential spirit in their attitude towards him. It represented their respect for him and their utter confidence in him.

Un o'r pum plentyn a anwyd yng Nghymru oedd Isaac Edwards, a ddaeth yn bregethwr dylanwadol. Mab iddo oedd Dan Luther Edwards, a ddaeth hefyd yn weinidog enwog yn Enid, Oklahoma. Pan ddychwelai i Oak Hill i bregethu, fe fyddai Capel Moriah'n orlawn. Mae'n rhaid i'w gyfraniad i dalaith Oklahoma fod yn un sylweddol gan

Yr Edwards Hotel, Oak Hill a sefydlwyd gan Rhys N. Edwards

Cofnod gweledol yn Amgueddfa Gymreig Oak Hill

iddo, wedi ei dranc, gael ei gynnwys yn yr 'Oklahoma Hall of Fame'.

Mae'n sicr bod ymadawiad Daniel Edwards a'i ffrindiau John Evans a'r brodyr Alban yn 1834 wedi bod yn sbardun i ysgogi mwy o allfudo i'r Unol Daleithiau. Credir bod rhyw bedair mil o Gymry wedi ymfudo a setlo yn Swydd Jackson, Ohio, yn ystod y 30 mlynedd ddilynol, yn gymaint felly fel y'i galwyd yn 'Little Cardiganshire'.

Yn 1835 fe laniodd yr ail frawd o Frynele a'i deulu yn Efrog Newydd. Dafydd, neu David N. Edwards oedd hwn ynghyd a'i wraig, Eleanor, gyda'i thri phlentyn hi o'i phriodas gyntaf a'u tri phlentyn nhw eu dau. Eu cartref yn Nantcwnlle oedd Tŷ Newydd y Mynydd.

Wrth iddynt gyrraedd America fe aeth Daniel i'w cyfarfod a'u harwain draw. Ond wrth deithio lawr yr afon Ohio a dynesu am Portsmouth, syrthiodd un o'r plant, Avarina, i'r afon a boddi. Fe'i claddwyd hi ym mynwent Portsmouth.

*Sgwrs â Bob Evans yng nghwmni Imogen, mam Evan Davis, un o
ddynion busnes amlycaf Ohio heddiw*

Fe arhosodd David a'i deulu gyda Daniel a Mary drwy
aeaf 1835-6 ac yn y gwanwyn cafwyd darn o dir i'w glirio
tua dwy filltir i'r gorllewin o Horeb, lle a elwid yn Cub Run.
Ond yn drist iawn bu farw David ym mis Awst 1936 yn 41
oed. Ef oedd yr ail berson i'w gladdu ym mynwent capel
Horeb, ac iddo ef y codwyd y gofeb gyntaf yno . Roedd tri
phlentyn gan David, sef Nathaniel, a fu farw yn 17 oed yn
1848, David, na phriododd erioed, a Mary y mae iddi
ddisgynyddion yn America.

Ymhen dwy flynedd roedd y trydydd o'r brodyr, Evan a'i
deulu wedi glanio ar 4 Gorffennaf 1838. Gydag ef ar y
fordaith roedd ei ail wraig, Sarah, ynghyd â thair merch o'i
phriodas gyntaf. Roedd hefyd bum plentyn o'i eiddo ef o'i
briodas gyntaf a'u baban Jane, chwech wythnos oed.

Yn America ganwyd iddynt saith plentyn arall, yn
gwneud y cyfanswm anrhydeddus o 16 o blant. Ond roedd
ei fab hynaf, Nathaniel wedi aros yng Nghymru a
disgynyddion iddo ef yw'r Parchedig W. J. Edwards a'i
frawd Hywel Wyn Edwards, cyn-drefnydd yr Eisteddfod
Genedlaethol; hefyd y diweddar Barchedig Wyn Edwards.

Yng Nghymru, cariwr oedd Evan wrth ei alwedigaeth, a byddai'n teithio gyda'r porthmyn i Loegr. O'r herwydd mae'n debyg ei fod yn medru rhywfaint o Saesneg ac felly'n gweithredu fel cyfieithydd pan fyddai angen. Dywedir amdano, hefyd, ei fod yn arfer gwisgo britsh gyda bycle arian wrth eu pen-glin. Yn ei hen ddyddiau byddai'n gyndyn iawn i wrando ar ei wraig, a'i siarsiai i wisgo trowsus hir. Doedd e ddim am guddio'i goesau siapus. Fe sefydlwyd

Evan, hen, hen dad-cu Bob Evans

Evan a'i deulu yn ymyl ei frawd hŷn. Cyn hir fe ddaeth Evan yn flaenor yng nghapel Moriah, a dywedir amdano:

'He was a ready speaker in the seiat. At times he would attain to great flights of oratory suprising his hearers and himself.'

Disgynnydd i Evan Edwards oedd Bob Evans, neu Robert Lewis Evans, a anwyd yn 1918. Graddiodd gydag anrhydedd o Ysgol Filitaraidd Greenriver, a mynychodd Ysgol Filfeddygaeth Ohio. Priododd yn 1940, ac ymunodd â'r fyddin yn 1943. Ddiwedd y 1940au dechreuodd wneud selsig ar y fferm yn Ne Ohio, i'w gweini mewn 'diner' bach o'i eiddo yn Gallipolis gyda lle i eistedd dim ond dwsin. Erbyn y 1950au cynnar yna alw mawr am y selsig hyn ac fe sefydlodd ei dŷ bwyta cyntaf a elwid 'The Sausage Shop'. Erbyn 1951 fe agorodd bedair ffatri selsig, ac erbyn 1963 rhestrwyd ei fusnes ar y farchnad stoc. Doedd y bwytai lleol ddim yn prynu selsig Bob. Felly dyma fe'n penderfynu

Un o dai bwyta Bob Evans, y Miliwnydd Selsig oedd yn hannu o deulu Brynele

agor ei fwyty ei hunan ar ei fferm, ac erbyn y 1970au cynnar roedd ei fwytai wedi lledu drwy Ohio, ac erbyn diwedd y 1970au i'r taleithiau eraill hefyd. Erbyn 2012 roedd 'Bob Evans Farms Incorporated' yn gwmni bwyd a bwytai gwerth 1.7 biliwn dolar.

Mae cartref gwreiddiol Bob Evans nawr ar restr genedlaethol llefydd hanesyddol Ohio; dyna hefyd gartref amgueddfa Bob Evans a'i Gwmni,yn ystod ail wythnos mis Hydref bob blwyddyn dyma gartref Gŵyl Fferm Bob Evans. Bob oedd yr unig berson yn Ohio i'w anrhydeddu deirgwaith gan y 'National Wildlife Federation', Anogodd ffermwyr lleol i fod yn fwy effeithiol gyda'u system bori, er budd yr amgylchedd. Treuliodd dros ddeugain mlynedd yn diogelu bywyd gwyllt. Bu'n gyn-aelod o fwrdd cyhoeddus addysg uwch talaith Ohio. Yn 2005 fe anrhydeddwyd ym myd busnes ac am ei gefnogaeth i addysg uwch yn yr ardal. Bu farw'r 'Sausage Billionaire' yn 2007 yn 89 oed gan adael gweddw a chwech o blant.

Fe wnes i gwrdd â Bob droeon. Roedd teulu ei fam yn hanu o Ryd-y-dorth uwchlaw Llan-non. Ymsefydlodd ei deulu'n wreiddiol yn Sugar Ridge cyn symud i Gallia yn

1929, lle'r oedd nifer o aelodau'r teulu eisoes yn byw. Bu ei dad yn cadw siop yno. Fe fu Bob farw yn 2007 yn 89 oed. Ar fy ngwahanol ymweliadau, fe wnes i alw i mewn i un o'i dai bwyta droeon. Fyddai fyth angen i fi fynd i mhoced. Y neges gawn i bob tro oedd:

'It's already paid for.'

A dyma ddod at y pedwerydd brawd. Hwn oedd Rhys, fy hen, hen, hen dad-cu. Ef oedd mab hynaf Nathaniel a Mary wedi'i eni yn 1787. Yn Rhagfyr 1809 priododd â Jane Jones gan ymsefydlu yn y Meiarth, Bwlch-llan. Yno ganed iddynt saith, neu o bosib, wyth neu fwy o blant. Ymhen ugain mlynedd bu farw Jane yn 42 oed, ac ymhen tair blynedd, fe briododd Rhys am yr eildro, â Letitia Davies, ond ni fu plant o'r ail briodas.

Ymhen deg mlynedd gwelwn fod Rhys a Letitia a'r tri phlentyn ieuengaf – Jane (18) Edward (15) a Rachel (13) yn hwylio o Lerpwl a chyrraedd Efrog Newydd ar yr 21 Medi 1841. Fe ymsefydlodd Rhys a'i deulu yn ardal Bethel, Oak Hill, ond ychydig iawn o'i hanes ef sydd gen i. Ni chafodd flynyddoedd maith yn America gan iddo, ym Mehefin 1845, farw yn 58 mlwydd oed. Ef oedd y cyntaf i'w gladdu ym mynwent Bethel.

Yn ôl ei ewyllys dymunodd i'w frawd Daniel wneud gweithred i drosglwyddo'i dir i'w fab Edward, ac i hwnnw hefyd y gadawodd ei ddillad a'i oriawr, ac ar ôl dyddiau Hetitia, roedd ei Feibl a'i lyfrau eraill hefyd i fynd i Edward. Ond y dirgelwch yw nad oes gen i'r un hanesyn am fywyd Edward, na'i chwiorydd Jane a Rachel wedi iddynt gyrraedd America. Ac yn rhyfeddach fyth, does neb yn gwybod dim. Yn ôl sawl cofnod, dywedir bod Rhys wedi gadael ei blant adre yng Nghymru. Ond gwn nad yw hynny'n gywir. Dim ond y plant hynaf: Mary, Margaret, Elizabeth a David oedd ar ôl yma.

David (Dafydd Brynele) oedd fy hen, hen dad-cu. Y

flwyddyn y gadawodd Rhys am America (1841) fe briododd Margaret a David. Mae'n siŵr fod Mary ac Elizabeth hefyd wedi priodi, ond does gen i mo'r dystiolaeth honno, a does gen i mo'r syniad lleiaf pwy yw disgynyddion Mary, Margaret ac Elizabeth, chwiorydd Dafydd Brynele. Bu farw Margaret yn 1843 yn 26 oed.

Dyna bedwarawd o frodyr felly, Daniel, David, Evan, a Rhys wedi ymfudo a setlo yn ardal Oak Hill, Ohio. Gartre yng Nghymru, roedd dau arall, Nathaniel II ac Edward, a dwy chwaer Margaret a Mary. Wrth ymyl carreg fedd Mary, gwelir carreg i Elizabeth Edwards 'wife of Nathaniel Edwards of Crosswinter Fach, died March 24th 1838'. Pam y cofnod Saesneg, tybed?

Roedd Nathaniel II wedi priodi ag Elizabeth Williams ym Mehefin 1836. Ond cyn pen dim ond dwy flynedd roedd hi wedi'i chladdu yn 24 oed. Erbyn 1841 fe ailbriododd Nathaniel II ag Elizabeth arall (Jones). Erbyn 1851 roeddynt yn rhieni i bump o blant ac erbyn 1861 eu cartref oedd Croeswyntoedd, ac roedd ganddynt deulu o wyth.

Gwelir manylion geni'r plant ac enw'r sawl a'u bedyddiodd ym Meibl y teulu wedi'i gofnodi eto mewn Saesneg ac mewn ysgrifen gain, flodeuog. Ond ar 11 Mai 1861 bu farw Nathaniel II yn 57 oed. Does neb a ŵyr ble y'i claddwyd.

Mae'n debyg i ddau fab hynaf y teulu a oedd yn efeilliaid, Nathaniel III a Thomas ymfudo i'r Unol Daleithiau. Gwelwn fod Thomas wedi'i gladdu yn 21 oed ym mynwent Moriah, Oak Hill yn 1862. Roedd Nathaniel III wedi treulio cyfnod yn Llundain gan ddilyn galwedigaeth yn oriorydd, neu drwshiwr watshys. Roedd e hefyd yn fardd, ac mae'n debyg y byddai weithiau'n ysgrifennu adre at ei fam ar ffurf barddoniaeth.

Ond dywedir ei fod yntau wedi ymfudo yn 1863, ac yn 1864 wedi priodi â Letitia Rees, merch i Dafydd a Jane Rees

Bethel Presbyterian Church

1841 - 1991

MORIAH

1835 - 1985

150 YEARS OF SERVICE

Rhai o'r taflenni sy'n cofnodi hanes yr ymsefydlu yn Oak Hill yn dangos dau o'r addoldai a chyflwyniad gan Dan Luther Edwards, Oklahoma, ŵyr i Daniel Edwards

"JUST A MINUTE, PLEASE!"

Dan Luther Edwards, Ph.D.   Vol. N

Yn Ohio gyda rhai o'r disgynyddion wrth fedd Daniel, y cyntaf i adael am y wlad bell

gynt o Flaenpennal, a sefydlu yn Newark, sydd rhyw 40 milltir i'r dwyrain o Columbus. Yno fe ymroddodd gyda phenderfyniad ac ynni anghyffredin at ei alwedigaeth yn arlunydd. Fe wnaeth, yn ôl un cofnod, 'ymberffeithio ei hun yn y gelfyddyd gyda rhai o brif artists y taleithiau, a chyrhaeddodd fedrusrwydd uwch na'r cyffredin yn ei gelfyddyd.' Dywedir bod amryw o'i ddarluniau yn 'esiampl ardderchog o'i fedrusrwydd', a dywed Llew Llwyfo fod prif artistiaid Washington D.C. ac Efrog Newydd yn ystyried ei ddarluniau yn gampweithiau.

Ynghyd â'i allu artistig roedd hefyd wedi dyfeisio cloeon arbennig a elwid yn 'Edwards Patent Locks'. Mae'n debyg bod yna ddau fath o'r rhain – un â thair mil ar ddeg o gyfnewidiadau posib – ond gwerthodd ei hawl i Faulkers & Co.

Dyfeisiodd wedyn glo arall a oedd yn rhagori ar y cyntaf; ond cyn gorffen y gwaith fe'i trawyd gan afiechyd a gorfu iddo adael y cyfan. Dywedir, pe buasai wedi cael byw am ddim ond ychydig flynyddoedd yn hwy, y buasai wedi sicrhau elw mawr iddo'i hun a'i deulu. Bu'n dioddef am ryw flwyddyn, a marw ym Mehefin 1870 yn 28 oed, a'i gladdu ym mynwent Cedar Hill yn Newark. Fe wnes i sefyll wrth ei fedd. Yno hefyd yn yr un flwyddyn claddwyd dau blentyn iddo, Jennie yn Chwefror yn ddeunaw mis oed, a Mattie ym Medi yn bedair oed. Yn ogystal â'r ddwy ferch, roedd ganddo ddau efaill sef Llywelyn a Gomer. 'Sign painter by profession' oedd Llywelyn, 'possessing more than an ordinary ability in this line of work'. Ond bu ef, hefyd, farw yn ifanc yn 38 oed ac yn ddi-briod. Fe symudodd ei efaill, Gomer, gan ymsefydlu yn Los Angeles.

Wedi i'r efeilliaid Nathaniel III a Thomas adael am yr Unol Daleithiau yn yr 1860au cynnar, dyma eu mam weddw, Elizabeth (Bet Fach), a gweddill ei theulu: Edward, Elizabeth, Daniel, Margaret, Rhys N. a David, yn gadael Croeswyntoedd yn 1865 a hwylio i ymuno â'r teuluoedd a oedd eisoes wedi setlo yn ardal Moriah. Roedd bywyd yn anodd iawn yno ar y dechrau, a dywedir ei bod hi'n cynnal ei theulu drwy deilwra a gwnïo dillad.

Dros gyfnod o 32 mlynedd felly, roedd pum teulu – rhyw hanner cant o unigolion o Edwardsiaid Brynele – wedi gadael Ceredigion am Oak Hill, lle dywedir y byddai pleidlais y teulu hwn yn dyngedfennol mewn unrhyw etholiad yn yr ardal, gan gymaint oedd eu nifer a'u dylanwad.

O'r teulu a ymfudodd o Groeswyntoedd, fe symudodd David a'i deulu o saith am y gorllewin, a sefydlu ym Montana. Fe aeth Margaret a'i theulu hithau o saith i dalaith Washington. Rydym yn cadw cysylltiad ag ŵyr i David yn Colorado, ac a gor-ŵyr i Margaret yn Oregon.

Dyma ychydig o hanes Rhys N., a adawodd Groeswyntoedd gyda'i fam weddw a'i frodyr a'i chwiorydd

Poster yn hysbysu'r Edwards Sisters

yn 1865. Roedd yn 11 oed yn 1865, ac wedi glanio yn Gallipolis fe gerddodd, gan ddilyn y wagen, i Oak Hill i'w cartref newydd. Yn ystod ei oes bu'n of, bu'n prynu a gwerthu ceffylau, yn dilyn march, yn berchennog ar geffyl rasio, yn ffermwr ac yn berchen gwesty. Roedd yn dad i saith o ferched a dau fab ac yn caru cerddoriaeth.

Mae'n debyg bod y teulu i gyd yn gantorion da, ac fe hyfforddodd ei bedair merch hynaf ei hunan: Elizabeth (soprano), Margaret (mezzo), Stella (ail alto), Ada (alto a chyfeilydd). Dyma'r pedwarawd a ddaeth yn enwog ar draws y taleithiau fel 'The Edwards Sisters Quartet'. Dywedir am Ada y gallai ganu unrhyw offeryn mewn unrhyw gyweirnod.

Yn 1900 fe ddaeth cais o Portsmouth, Ohio, i Oak Hill yn gofyn am bedwarawd o feibion i ganu mewn aduniad mawr o'r 'Grand Army of the Republic', ac er mai Oak Hill oedd canolfan a 'phrifddinas' y Cymry yn ne Ohio, doedd yna'r un pedwarawd meibion a oedd yn ddigon da, mae'n debyg. Ond roedd merched Rhys wedi bod yn canu'n lleol mewn capeli a neuaddau eisoes ac yn dechrau gwneud enw iddyn nhw'u hunain, ac felly dyma nhw'n cael y cynnig a'r cyfle i ledaenu eu hadenydd. A dyna ddechrau ar yrfa hynod lwyddiannus a barodd tan tua 1925.

Eu mam fyddai'n gwneud eu dillad i gyd ar gyfer pob perfformiad, a byddai gofyn gyrru yn y 'buggy' agored y

Llun o'r pedwarawd The Edwards Sisters

pum milltir o Moriah i Oak Hill ymhob tywydd – glaw neu hindda, eira neu rew – i ddal y trên. Erbyn 1908, a hwythau dan gytundeb gyda'r 'Century Lyceum Bureau', Chicago, dyma ddechrau canu ar hyd taleithiau'r gorllewin. Fe fuon nhw ar daith drwy Indiana, West Virginia, Wisconsin, Illinois a Michigan, Washington, Oregon a California. Fe fydden nhw'n canu yn rhywle bron bob nos. Unwaith fe aethon nhw ar gefn asynnod am ddwy filltir i mewn i bwll glo i ganu i'r glowyr. Fe ganon nhw ar gychod ar yr afonydd a chamlesi, mewn neuaddau cyngerdd, eglwysi a thai opera. Yn wir, roedd ganddyn nhw drên eu hunain i'w cludo o fan i fan, ac enw'r 'Edwards Sisters Quartet' yn amlwg ar ei ochor.

Fe drosglwyddwyd y ddawn gerddorol ymlaen wrth i ferch Ada, sef Ruth Moyer Davies, ddod yn enwog fel cantores gyda cherddorfa Horace Heidt yn Hollywood yn y 1940au.

Gyda llwyddiant mawr yr Edwards Sisters, fe

153

benderfynodd eu tad werthu'r fferm, ac fe brynodd safle ac adeilad yn Oak Hill, a sefydlu'r gwesty cyntaf, a'r unig westy a fu yn Oak Hill hyd y dydd heddiw, a'i alw 'The Edwards Hotel'. Gwesty dialcohol, wrth gwrs.

Mae'n debyg bod Rhys wrth ei fodd yn rhedeg y gwesty, gan gwrdd a siarad â phawb. Dywed ei ŵyr, Jim Lloyd, amdano:

It was in these surroundings that Grandpa Edwards was at his best because he loved to talk on any subject and was an authority on all of them – never losing an argument and very few chess games.

Fe fyddai teulu Rhys i gyd yn dod at ei gilydd i'r Edwards Hotel bob Nadolig, ac fe fyddai yno'r fath ganu nes bod y dref gyfan yn eu clywed. Meddai Jim eto: 'The walls of the hotel would shake, and even the legs of the turkey would rattle', ac ymhellach: 'I can only say that there was some beautiful music made in that hotel on Christmas Day that I wish I could hear it again.'

Rhys hefyd fu'n gyfrifol am drefnu aduniad blynyddol teulu Brynele, neu'r 'Brynele Assembly'. Cynhaliwyd y cyntaf yn Awst 1928, a dim ond dwy reol a fodolai: roedd yn rhaid cynnal yr aduniad ar dir capel Moriah; a doedd e ddim i'w gynnal ar y Sul. Fe fabwysiadwyd y Salm gyntaf fel Salm Brynele, i'w hadrodd yn Gymraeg a Saesneg ymhob aduniad: 'Gwyn ei fyd y gŵr ni rodia yng nghyngor yr annuwiolion, ac ni saif yn ffordd pechaduriaid ac nid eistedd yn eisteddfa gwatwarwyr.'

Yn yr aduniad cyntaf hwnnw, ar 17 Awst 1928, roedd cymaint â 186 o gysylltiadau teuluol yr Edwardsiaid yn bresennol. Fel rhan o'r dathliadau bu pedwar ohonynt yn canu emyn Ieuan Gwyllt, 'Y Nefoedd':

Llun o aduniad cyntaf disgynyddion Brynele wedi ei arwyddo gan bawb oedd yno

Ar ôl gofidiau dyrys daith
A gorthrymderau filoedd ...

Mae'r ail bennill yn fwy addas fyth:

Mor felys meddwl ambell awr
Yng nghanol blin dymhestloedd,
Os gwyntoedd oerion geir o hyd
Tra'n hwylio tonnog fôr y byd,
Mae'n dawel yn y Nefoedd.

Ymhen saith mlynedd denodd yr aduniad 203 o ddisgynyddion teulu Brynele. Roedd y disgynyddion bellach wedi eu gwasgaru o arfordir i arfordir, 'from the Great Lakes to the Gulf', yn ôl un cofnod.

Rhys oedd yr olaf o'r drydedd genhedlaeth i oroesi, a'r

unig un a anwyd yng Nghymru i fod yn bresennol mewn unrhyw aduniad. Dywedir bod cynrychiolaeth o chwe chenhedlaeth yn bresennol ym Moriah yn 1928. Wedi'r cyfan, roedd ymron i gan mlynedd wedi mynd heibio ers i Daniel a'i deulu ymfudo yn 1834 gan agor y llifddorau i weddill y teulu.

O deulu lluosog Nathaniel a Mary Edwards, Brynele, ynghyd â Nathaniel II fu'n byw yng Nghroeswyntoedd, fe arhosodd ei frawd Edward hefyd yma yng Nghymru, ac ar ôl marwolaeth y fam, Mary, yn 1839, Edward a'i deulu oedd yn ffermio ym Mrynele. Yn ôl cyfrifiad 1841, gwelir ym Mrynele: Edward Edwards, 40 oed, Elizabeth Edwards, ei wraig, Anne eu merch, naw oed, a Nathaniel eu mab, pedair oed. Roedd un mab, David, wedi marw yn Awst 1840 yn flwydd oed, ac yn 1845 claddwyd mab arall, John, yn ddwyflwydd oed, yn 1845 hefyd claddwyd Nathaniel yn naw oed. Ar garreg fedd y rhieni, Edward ac Elizabeth, ym mynwent eglwys Nantcwnlle, mae'r cwpled hwn:

'O'r un rhieni – tri o blant a gyd orweddant yma,
Bu rhoi eu gwedd o dan y gŵys yn alar dwys a gwasgfa.'

O'r teulu hwn felly, dim ond Anne a oroesodd, ac yn Rhagfyr 1863 fe briododd hi â Nathaniel Davies. Pan fu farw Elizabeth yn 1874, roedd yn byw gyda'i merch Anne a'i theulu.

Un o ddisgynyddion amlycaf y rhai a adawodd y fro hon am Ohio yw'r dyn busnes, Evan Davis, y cyfeiriais ato'n gynharach. Aeth ati mewn llyfryn ar hanes y mewnfudwyr o Sir Aberteifi i enwi cartrefi oedd wedi mabwysiadu enwau ffermydd a phentrefi Nantcwnlle a'r cylchoedd cyfagos: Gwrthwynt Uchaf, Cilcennin, Llan-non, Ciliau Aeron, Lledrod, Talgarreg, Llancwnlle, Neuadd Lwyd, Synod Inn, Rhiwen, Brynmaen, Pencae, Trefilan,

Aelodau o deulu Evan Edwards gyda Gwawr ar ymweliad â Chymru

Caeronnen, Bryngalem, Penglog, Caegarn, Cwmllamarch, Hafodwyntog, Caerwedros, Abermeurig, Nantcwnlle, Brynowen, Tirbach, Tynrhos, Blaenpennal, Llanddeiniol, Aberaeron, Pandy a Cadrenaf.

Ceir llidiart y tu allan i Gapel Moriah yn Oak Hill a adnabyddir o hyd fel 'The Brynele Gate'. Y teulu Edwards a gyfrannodd tuag at ei gosod yno. Ar y llidiart ceir yr arysgrif canlynol:

Ay, call it holy ground,
The soil where first they trod!
They left unstained what they had found –
Freedom to worship God.

8
Clymau annatod

Roedd Anne a finne wrthi un bore dydd Sul yn paratoi sgwrs y gwahoddwyd fi i'w chyflwyno yng Nghilcennin fis Mai 2015 ar hanes y teulu yn America. Wrthi'n olrhain hanes Daniel Edwards, y cyntaf i adael oedden ni. Daeth ei fab, Isaac yn weinidog enwog iawn allan yno. Bu farw yn y pulpud wrth draddodi pregeth yng nghapel Moriah, Oak Hill, y capel a sefydlwyd gan ei dad yn 1835. Mab i Isaac oedd Dan Luther Edwards, yntau hefyd yn weinidog, a'r gangen honno o'r teulu aeth draw o Ohio i Oklahoma. Cofnodi tipyn o hanes hwnnw oeddwn i pan dynnodd car dieithr i mewn i'r clos. Ynddo'r oedd dau ddyn a dyma fi'n dweud wrth Anne,

'Tystion Jehova! Hel nhw o 'ma!'

Ar hynny dyma nhw allan o'r car a medde un ohonyn nhw,

'I'm David Edwards and I'm looking for David Edwards.'

Gydag e roedd ei frawd Michael, y ddau'n wyrion i Dan Luther Edwards. Dyna beth oedd cyd-ddigwyddiad anhygoel; fedrwn i ddim credu'r peth. Roedd David yn niwrolegydd a Michael wedi ymddeol o'i waith yn astudio'r gofod yn NASA. Anghofiais am baratoi'r sgwrs ac fe wnaethon ni dreulio prynhawn braf a difyr yng nghwmni ein gilydd.

Dros y blynyddoedd cawsom ymweliadau lawer gan aelodau o'r teulu yn dod draw i ganfod eu gwreiddiau, a finne wrth fy modd yn eu croesawu bob amser. Mae'r clymau teuluol hyn yn dal yn bwysig i fi, a byddaf yn parhau i gadw cysylltiad â'r perthnasau dros y môr.

Cofiaf y arbennig gyd-ddigwyddiad arall. Un tro dyma

wr a gwraig, Penrod a Liz Edwards o Montana yn galw
yma. Roedd tad-cu Pen wedi ymfudo o Groeswyntoedd yn
blentyn saith oed yn 1865. Fe fu'r ddau yma am
ddeuddydd. Trannoeth iddyn nhw adael, yn gwbwl
ddiarwybod i ni eu bod nhw'n dod, dyma wr a gwraig arall
yn cyrraedd, Richard a Beverly Davies o Oregon. Roedd
hen fam-gu Richard hefyd wedi ymfudo o Groeswyntoedd
yn 1865. Roedd hi a thad-cu Pen yn chwaer a brawd.
Doedd Pen a Richard yn gwybod dim am ei gilydd ac wedi
methu ei gilydd o fewn diwrnod.

Pan alwodd un o'r 'Edwards Sisters' yma i'n gweld ni yn
y pum degau roedd ganddi gais i Nhad. Fe wnaeth hi ymbil
arnom i dwtio beddau'r hen deulu ym mynwent Eglwys
Nantcwnlle. Dros y blynyddoedd roedd y cerrig beddau o
dan yr ywen wedi mynd o'r golwg, bron. Fel Llys Ifor Hael
yng ngherdd Ieuan Brydydd Hir,

Drain ac ysgall, mall â'i medd,
Mieri lle bu mawredd.

Chafodd Nhad ddim amser i wneud y gwaith.
Flynyddoedd wedyn pan ddaeth nifer fawr o'r perthnasau
draw, llond bws ohonyn nhw, fe wnaeth y rheiny hefyd
ymbil arna'i i dwtio'r beddau . Ar y pryd wnes i ddim byd,
ond rhyw dair blynedd yn ddiweddarach dyma ddeall fod
llond bws arall yn bwriadu dod i ymweld â'r ardal.

Roedd yna ychydig o wythnosau cyn eu bod nhw'n
cyrraedd a theimlais y dylwn i bellach fynd ati wneud
rhywbeth ynglŷn â'r sefyllfa. Roedden nhw bron iawn â
diflannu dan y tyfiant, a'r arysgrifen arnyn nhw bron yn
annealladwy. Fe godais i'r cerrig beddau, saith ohonyn nhw
i gyd, a'u cludo nhw adre ar dractor a thrêlyr a'u golchi nhw
lawr a'u glanhau nhw i gyd. Wedyn fe'u hail-osodwyd yn eu
lle, a gosodwyd cerrig gwastad lawr o'u cwmpas i atal y

chwyn a'r mieri rhag tyfu'n ôl. Ar garreg fedd Mary, y fam fe wnes i ganfod rhywbeth diddorol iawn. Roedd y cerrig wedi suddo gryn bellter i'r ddaear, a'u gwaelod o'r golwg. Ar waelod carreg Mary roedd arysgrif yn nodi mai'r un a luniodd y garreg a'r arysgrif oedd Nathaniel Edwards, ei mab. Mae'r enw i'w weld yno o hyd, 'N. Edwards, Crosswinter'. Hwn oedd tad y plant y soniwyd amdanynt yn gynharach a ymfudodd o Groeswyntoedd yn 1865.

Ond wyddoch chi beth? Choeliwch chi fyth. Un dydd, dan garreg wrth ymyl y beddau roedd amlen wedi'i chyfeirio at 'To whom it may concern'. Yn yr amlen roedd bil yn hawlio tâl am bob carreg oedd wedi ei glanhau. Hynny yw, fe ges i orchymyn i dalu am dacluso'r beddau a gwella golwg y fynwent.

Nodwyd cysylltiad y fro hon ag Oak Hill, Ohio yn swyddogol ar y 25ain o Fai 1979 pan blannwyd derwen yng Nghae Sgwâr Aberaeron. Gerllaw ceir arysgrif sy'n datgan,

'Mae'r dderwen hon yn deyrnged ddiffuant i'r cannoedd a ymfudodd (1818 – 1848) o'r ardal hon i Oak Hill, Ohio; ac i goffau eu cyfraniad at ledaenu cariad Duw yn ogystal â'u cyfraniad i gerddoriaeth, addysg a diwydiant yn eu cartrefi dewisedig.'

Bu hwn yn ddiwrnod mawr yn hanes y teulu a'r fro. Trefnwyd cyfarfod a the i ddilyn yn neuadd y dref i gyd-fynd â'r digwyddiad a chefais y fraint o berfformio fel rhan o raglen y dathlu. Yn bresennol hefyd, ac yn ei elfen fel arweinydd y dydd roedd yr hen gyfaill Hywel Teifi Edwards.

Gyda'r nos fe drefnwyd cymanfa ganu yma yng nghapel Bethania. Roedd y lle yn orlawn gyda T. Gwyn Jones, Llanfairfechan yn arwain. Ac yno yng nghanol y berw roedd David Edwin Edwards. Columbus, Ohio, y gŵr a fu'n

Y coed a blannwyd ugain mlynedd yn ôl ar y lôn i Hafod Hir

Yr olygfa o Gae Trafferthus, dros Gae Pantdwr,
a gwaelod Pant Gwyn

Yr olygfa rhwng Plas y Bryniau a Chroeswyntoedd – dyma'r coed a
blannwyd gan fy nghyndeidiau

Dathliadau dau can mlwyddiant tref Aberaeron, 2007

Plas-y-Bryniau tan goch
yr hydref;

ffermdy Croeswyntoedd;

Hafod Hir a rhai o'r
unedau

gyfrifol am ail-gychwyn y cysylltiad teuluol rhyngom ni
yma ag America. Yn wir, fe gafodd gyfle i arwain y 'Diadem',
sef 'Cyduned y Nefolaidd gôr, a'r gynulleidfa'n morio canu
ac yntau wrth ei fodd.

I'r gymanfa hefyd y daeth fy hen gyfaill Dai Davies o
Llandrindod. Ofnai na chai le i eistedd. Felly, pan
ofynnwyd yn gyhoeddus a oedd yna unrhyw Americanwyr
heb seddi, dyma law Dai'n saethu fyny! Yn y cyfamser
roedd gwraig Dai yn eistedd yn y car wedi i Dai ei sicrhau
na fyddai'n hir. Ond fe ymgollodd gymaint yn y canu fel
iddo aros hyd ddiwedd y gymanfa a'r te oedd yn dilyn. Pan
gyrhaeddodd nôl, a'i wraig yn gofyn iddo'n ddiamynedd,

'Where the hell have you been?'

Atebodd, 'My Dear, I've been in Heaven!'

Yn 2018 bydd dau ganmlwyddiant y chwe theulu cyntaf
i ymfudo o'r ardal hon ac mae trefniadau ar y gweill eisoes
i gofio am hynny.

O ran gwaith rwy'n dal i ffermio a chymryd gofal am
Blas-y-Bryniau, Croeswyntoedd, Hafod Hir a'r ddaear fyny
yn Nhy'n Cornel ac rwy'n parhau i arallgyfeirio. Fe gofiwch
am fy hen ewythr Jâms, y soniais amdano'n gynharach yn
codi melin wynt ar y banc tu ôl i'r tŷ. Wel, dyma finne dair
cenhedlaeth yn ddiweddarach yn gosod twrbein gwynt
yma y tu ôl i'r tŷ.

Mewn ardal sy'n nodedig am wynt, mae hwn yn fan
delfrydol ar gyfer codi twrbein. Mae'r enwau
Croeswyntoedd Fawr a Chroeswyntoedd Fach yn
adlewyrchu hynny. Fe soniais i'n gynharach am Benlan-yr-
aden-wynt. Draw i gyfeiriad Cilcennin wedyn mae
Gwrthwynt Uchaf a Gwrthwynt Isaf. Yn y naill, bu Iago
Trichrug, y gweinidog, esboniwr ac emynydd yn byw. Gof
oedd e cyn mynd i'r weinidogaeth.

Mae sôn am dwrbein gwynt fel clwtyn coch i darw lle
mae rhai pobol yn y cwestiwn. Methu deall ydw i i beth

sy'n eu cynddeiriogi gymaint. Cymharwch hyn ag ynni niwclear. O gau'r atomfa yn Nhrawsfynydd, a gostiodd £113 miliwn i'w chodi, rhaid fu cyflogi ymron dri dwsin o staff i ofalu am ei diogelwch. A hynny am fil o flynyddoedd. Bydd, fe fydd perygl o ymbelydredd yno am fileniwm. Fe fydd y rhod sydd yma gen i yn troi am chwarter canrif. A phan ddaw ei hoes i ben, y cyfan fydd angen ei wneud fydd gorchuddio'r sail goncrid â dwy droedfedd o bridd. Fe fydde fy hen Ewyrth Jâms wrth ei fodd.

Pan ddigwyddodd trychineb Chernobyl ddechrau'r gwanwyn 1986, effeithiwyd yn ddrwg ar ogledd orllewin Cymru oherwydd yr ymbelydredd a gâi ei gario ar y gwynt o Chernobyl. Stori Dylwyth Teg, os clywais un erioed! Gosodwyd cyfyngiadau am ddegawdau ar werthu ŵyn yn yr ardal. Maen nhw'n dal mewn grym ddeng mlynedd ar hugain yn ddiweddarach. Ond i fi, alibi perffaith oedd Chernobyl. Trawsfynydd, nid Chernobyl oedd i'w feio. Mae'r gwynt, am drichwarter y flwyddyn, yn chwythu o'r de-orllewin. O'r gogledd-ddwyrain y deuai gwynt o Chernobyl. Roedd Bob Dylan yn iawn,

> The answer, my friend,
> Is blowing in the wind.

Roedd Eirwyn Pontshân yn arfer adrodd parodi gan Rhydwen Williams o un o gerddi mawr Ceiriog, wedi ei chyfansoddi adeg agor yr atomfa,

> Aros mae'r atomfa fawr,
> Rhua, rhua'n llawn o wynt;
> Clywir eto gyda'r wawr
> Esgusodion megis cynt.

Nawr ni thyf y llygaid dydd
O gylch traed y graig a'r bryn,
Ond rhyw flodau niwclear sydd
Ar yr hen fynyddoedd hyn.

Ar arferion Cymru gynt,
Newid ddaeth o rod i rod,
Mae Trawsfynydd wedi mynd
A'r atomfa wedi dod.

Wedi oes wyddonol hir,
Alun Mabon mwy nid yw,
Ond mae'r gwenwyn yn y tir
A'r farwolaeth hen yn fyw.

Mae gennym ni ddigon o adnoddau naturiol fel gwynt a
dŵr yma yng Nghymru. Defnyddiwn y rheiny yn lle
peryglu dyfodol ein hil ag ynni niwclear. Mae Llywodraeth
yr Almaen yn cefnogi ynni adnewyddol yn frwd gan
ymwrthod yn llwyr ag ynni niwclear.

Dros y blynyddoedd daeth newid yng nghysyniad pobol
o gefn gwlad. Pan oedd fy chwiorydd a finne'n blant, fe
fydde aelodau o'r teulu o'r de yn dod fyny yma am dro o
bryd i'w gilydd. Roedd ein Saesneg ni mor garbwl; rwy'n
cofio i fi unwaith wahodd cyfnither i ddod i weld 'the pig in
the tylc!' Ond eto, roedd fy Saesneg i'n well na'u Cymraeg
nhw. Ymhlith perthnasau'r Sowth roedd hen ewyrth i fi, Jac
Merthyr yn byw yn Chapel Row, y drws nesa i Joseph
Parry. Fe etifeddes i wn saethu Ewyrth Dafydd oddi wrth
Jac Merthyr.

I'r perthnasau hyn roedden ni'n byw mewn
amgylchiadau digon cyntefig. Dim ffôn, dim trydan, dim
hyd yn oed ddŵr yn y tŷ. A'r tŷ bach lan ym mhen draw'r
ardd. Bryd hynny byddai pawb yn bwyta adre ond yn mynd

allan i'r tŷ bach. Nawr mae gan bobol stafelloedd ymolchi moethus yn eu tai ond yn bwyta allan. Pan gyrhaeddai teulu o'r de, yr hyn a glywn ganddynt fyddai,

'You must be tough to survive around here in this wilderness!'

Ymhen amser dyma ni'n adnewyddu adaeiladau Hafod Hir. A phob penwythnos fe fydde'r ymwelwyr yn cyrraedd, yn dod allan o'u ceir, yn ymestyn ac ymsythu, a chan dynnu anadl ddofn. Yna'n ddieithriad deuai'r sylw,

'Mr and Mrs Edwards, you don't know how lucky you are. You live in paradise.'

Do, fe drodd y 'wilderness' yn 'paradise'. Ac maen nhw'n iawn. Mae'r llecyn hwn yn baradwys o'i warchod yn iawn. Dros y blynyddoedd fe wnaeth fy nghyndeidiau, a finne ar eu hôl, ein gorau i wella'r hyn wnaethon ni ei brynu neu ei etifeddu drwy 'ddilyn yr og ... i godi daear las.' Roedd yna dipyn o eithin a rhedyn ar amryw o'r caeau, a bôn braich a chwys talcen wedi diwyllio'r ddaear a'i throi 'yn weirglodd ir'. Clywais ddweud fod 'aur o dan y rhedyn, arian dan yr eithin a thlodi o dan y grug.' Ond y mae yma hefyd feithrinfeydd i helwriaeth. Lluniwyd llawer llyn, ac mae yma lefydd ar gyfer tyfiant a blodau gwylltion. Mae cadw cydbwysedd yn bwysig. Fe wnaeth y ffarmwr bach ofalu'n o dda am gefn gwlad dros y degawdau er mwyn creu a chadw'r baradwys hon sydd gennym.

Ond erbyn hyn mae'r jyngl goncrid yn gwneud ei gorau glas i lyncu cefn gwlad, gan nid yn unig ei rheoli ond ei difetha hefyd. Mae'n gywilydd gweld y llanast a deflir ar hyd ochrau ein ffyrdd gan lenwi ein cilfachau, Sbwriel MacDonalds, caniau Coke a lagyr, poteli gwydr, cwpanau carbord, papurau a sothach diddiwedd. Nid yn unig ochrau'r cloddiau sy'n dioddef ond hefyd y caeau gyda sbwriel a all fod yn niweidiol i anifeiliaid gwyllt ac anifeiliaid ffarm. Daeth hyn o ganlyniad i'r holl adeiladu diddiwedd sy'n digwydd yn ein pentrefi, a'r boblogaeth yn tyfu ar raddfa na allwn ei hamgyffred. Daw rhai o bobol y trefi a'r dinasoedd â'u harferion drwg gyda nhw. Mae'r amarch hwn i gefn gwlad a'r amgylchedd yn deillio o anwybodaeth a dihidrwydd ynghyd â diffyg addysg ar yr aelwyd.

Mae'n deg dweud mai'r ffermwr sydd wedi gwarchod y cefn gwlad. Ond mae yna gasineb at y ffermwr heddiw ac at ffarmwriaeth. Ddiwedd eu tymor cyntaf mewn llywodraeth o dan Tony Blair fe ddywedodd un aelod blaenllaw o'i blaid mai ei 'greatest achievement' fu 'to ban fox hunting'. Dim sôn am wella safon addysg neu'r gwasanaeth iechyd na thorri lawr ar dor-cyfraith na gwella'r gofal i'r henoed. Wfft i'r rheiny. Roedd y llwynog yn ddiogel. Yn wir, cawn aelodau eraill o'r un blaid yn datgan yn llawn balchder nad oes angen ffarmwriaeth bellach nac angen i gynhyrchu bwyd. Yr ateb syml yw mewnforio'r cyfan, hynny mewn cyfnod pan fo ffermwyr yma yn gorfod gweithio dan y rheolau llymaf. Anghofiwch y ffaith fod safon gofal anifeiliaid a'r bwyd a gynhyrchir yma gyda'r gorau yn y byd.

I rai, gwarth o beth yw gweld ffermwr yn ei 'lordio' hi o gwmpas y wlad ac yn mynychu'r Sioe Fawr yn eu cerbydau 4x4. Cwbwl diangen, meddent. Fe fyddai'r car Volvo yn gwneud y tro yn iawn. Hynny yw, dylid neilltuo'r cerbydau gyriant pedair olwyn i drigolion y trefi a'r dinasoedd ar gyfer cludo eu plant i'r ysgol yn eu 'Chelsea Tractors'. Dyna i chi amlygu yn agored anwybodaeth a rhagfarn ac eiddigedd o amaethwyr a chefn gwlad.

Roedd yna lun hyfryd ac erthygl ar dudalen flaen y *Western Mail* dro'n ôl. Byrdwn y stori oedd y pryder am ddiflaniad yr ysgyfarnog o'r cefn gwlad. Pwy oedd y dihirod oedd yn gyfrifol am hyn? Wel, y ffarmwr, a'r ffermio dwys. Ond dyma gwestiwn. Pam nad oes yna sgwarnogod ar y mynydd chwaith, lle na fu ffermio dwys erioed?

Mantell simne Plas-y-Bryniau gyda lamp a fu ar drap fy hen dad-cu

Gelyn pennaf pob creadur sy'n magu, neu unrhyw aderyn sy'n nythu ar wyneb y ddaear heb loches yw'r llwynog, y mochyn daear ac yn arbennig y barcud. Mae'r sgwarnog, y chwibanogl, y cornicyll, yr ehedydd a'r draenog yn diflannu o'r tir. Mae'r draenog, druan, yn flasusfwyd i'r mochyn daear, a warchodir yn ffyrnig a llym gan ddeddf gwlad.

Mae deddf gwlad erbyn hyn hefyd wedi arwain at agor llwybrau cefn gwlad gan roi Hawl Tramwyo i unrhyw un a fyn gerdded y mynydd agored. Mae ambell un yn ddigon haerllug i hawlio perchnogaeth gan ddweud,

'Ein daear ni yw hi!'

Daw llawer o'r cerddwyr hyn â'u cŵn gyda nhw. Fe awgrymais unwaith y dylai'r cyfryw gerddwyr hyn ein hysbysu, fel perchnogion y tir, rhag blaen o'u bwriad i dramwyo yno gan ddod â thystysgrif oddi wrth filfeddyg yn dangos pryd y triniwyd eu cŵn yn erbyn llyngyr. Wedi'r cyfan, mae'n rhaid i ni, sy'n crafu bywoliaeth o'r tir wneud hynny. Ches i ddim ymateb. A'r bobol hyn sy'n dod i dramwyo'r mynyddoedd. Ble dybiech chi maen nhw'n parcio'u cerbydau neu'n mynd i'r tŷ bach? Synnwn i ddim nad yr orfodaeth nesaf ar y ffermwr fydd darparu cyfleusterau ar eu cyfer, a hynny o'i boced ei hun.

Bwgan mawr y ffarmwr heddiw yw problem y diciâu. A phroblem fydd hi gan nad oes gan neb mo'r ewyllys i'w datrys. Rhyw dair blynedd yn ôl roedd corff mochyn daear ger Hafod-y-Gors. Bu'n gorwedd yno am ddyddiau. Dyma ffonio'r RSPCA. Yn gyntaf doedd yno neb allai siarad Cymraeg. A'r ymateb wedyn oedd,

'Nothing to do with us.'

Wrth gwrs, petai gen i oen neu ddafad wedi marw ar un o'r caeau, fe fydden nhw yno cyn pen dim o dro ac fe gawn i ddirwy, heb sôn am golled ariannol am dalu rhywun am gludo'r corff bant. Awgrymodd yr RSPCA y dylwn gysylltu â'r heddlu. Fe wnes. Ar ôl disgwyl am hanner awr am wasanaeth Cymraeg, dyma ddeall nad oedd y mater yn ddim byd i wneud â nhw chwaith. Dylwn gysylltu â'r Cyngor Sir. Fe wnes, gan lwyddo i gael gair â'r person priodol yn yr adran briodol gydag addewid i nôl y corff. Ac fe wnaethon.

Ychydig wedyn cawsom brawf T.B., sy'n orfodol ar bob fferm warteg yn flynyddol neu bob hanner blwyddyn. Bryd hynny bydd pob ffermwr yn dal ei anadl. Cawsom y prawf, ac am y tro cyntaf erioed fe ganfuwyd arwyddion amheus. A dyma'r cyfan ar stop o ran gwerthu neu symud anifail. Dyma geisio dyfalu o ble y daliodd y gwartheg y clefyd. Cofiais yn sydyn am y mochyn daear marw ger Hafod-y-Gors. Fe ffoniais y Cyngor er mwyn cael gwybod canlyniad y prawf ar hwnnw. Sioc ac anghrediniaeth!

Doedd dim un mochyn daear wedi ei brofi ar gyfer y diciâu ers chwe blynedd! A sawl mil o wartheg a ddifawyd yn ystod y cyfnod hwnnw? Ond pwy sy'n poeni. Dydi'r rheiny sy'n honni cefnogaeth i hawliau anifeiliaid yn hidio dim am fywyd gwartheg nac am fywoliaeth y ffermwr. Mi fyddai'n dda ganddyn nhw weld y ffermwyr a'u gwartheg yn diflannu o'r tir. Fe ant mor bell â honni mai'r gwartheg sy'n trosglwyddo'r diciâu i'r moch daear. Mae'r rhain yn giwed fileinig a aeth mor bell unwaith â chodi corff rhywun o'r bedd, a feddyliai nhw ddim am osod bom drwy flwch postio unrhyw gartref neu fusnes. Pan oedd Elin Jones yn Weinidog Amaeth, ac yn un a gymerai ei swydd o ddifrif ac yn gydwybodol, bu'n rhaid iddi gymryd camau i ddiogelu ei chartref a'i gwaith; ac ar adegau swyddogol roedd presenoldeb cudd yr Heddlu o'i chwmpas ar bob achlysur.

Oes, mae yna reolau ac archwiliadau caeth a chyson ar y ffermwr. Adeg un arolwg, rhyw fis Ebrill, a'r tywydd yn dechre cynhesu fe alwodd milfeddyges ifanc. Ro'n i wedi gofyn am siaradwr Cymraeg, ond prin iawn oedd ei gwybodaeth o'r iaith. Ar ôl ymweld â'r siediau gofynnodd am weld porthiant y defaid. Dyma fi'n mynd â hi i weld y maip oedd y tu allan ar goncrid ger y sied. Doedd hi ddim yn hapus o gwbwl ar gyflwr y maip a rhaid, meddai, fyddai fy 'riportio'. Golygai hynny na chawn drwydded y 'Farm Assured British Beef and Lamb'.

Gofynnais pam? Atebodd mai'r rheswm oedd bod olion baw adar dros y maip. Fe ges i gymaint o sioc, gofynnais iddi ail-adrodd hynny. Fe wnaeth. Gofynnais iddi godi meipen a'i dangos i fi. Fe wnaeth. Fe aeth yn ddadl. Welwn i ddim olion baw adar. A dyma ofyn iddi ym mha goleg wnaeth hi astudio? Coleg amaethyddol, medde hi, a hynny am saith mlynedd.

'Wel', medde fi, yn Saesneg, iddi gael deall, 'rwy'n

awgrymu y dylet ti fynd yno am saith mlynedd arall gan na fedri di weld y gwahaniaeth rhwng baw adar a llwydni.'

Mynnodd wedyn y dylai maip gael eu cadw mewn sied, gyda digon o awyr iach, ac o dan 'mesh' er mwyn cadw adar bant. Gofynnais gwestiwn arall iddi. Sut fedrwn i fwydo'r defaid allan ar y caeau a sicrhau na wnâi'r un aderyn eu baeddu? Doedd ganddi ddim ateb. Nid yng nghyswllt yr iaith yn unig oedd ei gwybodaeth yn brin!

Yn ôl y tywydd mae ffermio, nid yn ôl y llyfr. Un o'r gofynion arnom yn y cynllun Tir Gofal oedd hau gwraiddgnwd bob blwyddyn. Iawn. Ond roedd yn rhaid hau'r cnwd ar gyfer dyddiad arbennig. Roedd y dyddiad arbennig yn prysur agosáu a'r tywydd yn wlyb. Dysgwyd i fi'n ifanc yr hen wireb, 'o aredig ar y rhew, a llyfnu ar y glaw, ni chewch ond llond cae o chwyn'. A dyna beth ddigwyddodd. Ond bu'n rhaid cadw at y dyddiad rhag derbyn cosb am dorri'r rheolau 'yn ôl y llyfr'.

Nôl adeg y rhyfel diwethaf roedd hi'n orfodaeth ar ffermwyr i godi cnydau arbennig. Dyma swyddog ifanc, tal, golygus oedd newydd adael y coleg yn dod o'r Weinyddiaeth i weld Mr Jones, y ffermwr. Roedd angen profi ansawdd rhai o'r caeau er mwy canfod y llefydd gorau i godi'r llafur. Fe ddewisodd y swyddog y cae dan tŷ.

'Bachgen! Bachgen!' medde'r hen ffermwr, 'dyna'r cae ola fydde rhywun yn ei ddewis!'

'Pam, felly?' gofynnodd y swyddog.

A dyma'r ffermwr yn egluro mai hwn oedd cae mwyaf ffrwythlon y fferm gan ei fod yn cael achles bob blwyddyn i godi gwair. Ni fyddai byth yn ystyried codi llafur yno. Ond ildio i'r rheolau fu raid.

Ychydig fisoedd wedyn, yn yr hydref, digwyddodd y swyddog weld y ffermwr ym mart Llanbed.

'Wel, Mr Jones,' medde fe, 'shwd y'ch chi. A shwd dyfodd y llafur yn y cae gwair?'

*Ysgol Tregaron, lle bu Nhad yn ddisgybl a'r cerdyn a anfonodd
gyda'r neges yn Saesneg*

'Bachgen, peth od i chi holi,' medde'r ffermwr. 'Fe ges i grop anferthol. Yn wir, roedd e'r un fath â chi – un tal, main a dim lot yn 'i ben e.'

Hynny yw, digon o wellt ond dim brig. Gadewch i'r ffermwr ofalu am gefn gwlad. Edryched y mân swyddogion ar ôl yr annibendod sydd yn y dinasoedd a'r trefi. Ffarmwriaeth sydd wedi gwarchod y cefn gwlad, ac o ganlyniad yr iaith hefyd. Oni bai am y gymdeithas amaethyddol, mae'n siŵr gen i y byddai'r Gymraeg wedi diflannu. Gobeithio nad yw hi'n rhy hwyr. Dylai cadwraeth gynnwys yr iaith, y diwylliant a'r traddodiadau. Faint, tybed, fedr ddarllen y gyfrol hon yn Gymraeg ymhen can mlynedd? Neu hyd yn oed hanner can mlynedd? Mae hi'n sefyllfa dywyll pan mai pobol yn ein swyddfeydd cyhoeddus yn methu neu'n gwrthod derbyn rhif ffôn yn Gymraeg.

Rwy'n cofio cael fy nghyhuddo unwaith gan fewnfudwraig oedd wedi byw yma ers pum degau'r ganrif ddiwethaf. Byddwn bob amser y ei chyfarch gyda llond ceg o 'Bore da! Mae'n fore braf!' Neu 'Prynhawn da!' neu 'Nos da!' ac yn y blaen. Un tro, ei hymateb oedd,

'I don't understand that foreign language of yours.'

Fe wnes i esbonio iddi'n fonheddig ddigon,

'You are the foreigner in my country. And don't you ever forget it.'

Wnaeth hi ddim chwaith.

Y gwir yw, dy'n ni ddim fod siarad Cymraeg o gwbwl, ddim yn gyhoeddus, beth bynnag. Fe ddylasai'r iaith fod wedi diflannu o'r tir ers tro byd. Fe gafwyd ymgais lew drwy ddefnyddio'r 'Welsh Not' bondigrybwyll. Bu Nhad yn ddigon ffodus a digon deallus i gael ei dderbyn yn Ysgol Ramadeg Tregaron gyda'i fryd ar fynd i'r offeiriadaeth, a bu am gyfnod yng Ngholeg Llanbed. Ni wireddodd ei ddymuniad gan i'r Rhyfel Mawr ei orfodi i fynd adre i ffermio.

Yn Nhregaron byddai'n lletya yno gydol yr wythnos a dod adre ar y beic ar benwythnosau. Un penwythnos, fodd bynnag, dywedodd wrth ei athro ei fod am fynd i Lanbed i aros dros nos gyda modryb a'i fod am anfon cerdyn post adre i'w fam i'w hysbysu o hynny. Gorfodwyd ef i'w hysgrifennu'n Saesneg. Mae'r cerdyn gen i o hyd, a llun yr ysgol arni. Dyma'r neges, wedi ei chyfeirio at Margaret Edwards, Crosswinter Fawr ar y 4ydd o Ragfyr 1913, y flwyddyn yr agorwyd yr ysgol, gyda llaw,

'Dear Mother,

'I don't think I shall come home Friday night. Perhaps I will cycle down to Lampeter and come home on Saturday on the bicycle because there are no trains running now. But don't you worry about me, perhaps I won't go down at all. It will depend on the weather. If it will be raining, I will be coming home. No more this time.

All from R. M',

Ond dyma'r tristwch. Fedrai ei fam, sef Mam-gu ddim darllen Saesneg.

Cofiaf Ifan Lloyd yn sôn am ei dad-cu, tad ei fam, sef Daniel Jenkins a fu'n brifathro yng Nghilcennin. Un o'i ddyletswyddau oedd gweinyddu'r 'Welsh Not'. Gwrthododd wneud hynny, a gwrthododd hefyd gynnal y gwasanaeth boreol yn Saesneg. O'r herwydd collodd ei swydd am gyfnod.

Yn achlysurol bydd rhai yn gofyn i fi,

'Wyt ti'n dal i ganu'r dyddie hyn?'

Fy ateb yw, 'Ma ffermio wedi newid cymaint y dyddie hyn, dw'i ddim yn teimlo fel canu!'

Na, dw'i ddim yn gwneud llawer iawn o gyngherddau erbyn hyn, ar wahân i'r gymanfa ganu yn Columbus yn ddiweddar ac ym mhriodas Gwawr. Mae 55 mlynedd o ganu mewn cyngherddau siŵr o fod yn ddigon i un person. Rwy'n cael pleser mawr o ddilyn Gwawr a mynd i wrando arni. Ond cofiwch, mae'n anodd weithiau eistedd yn y gynulleidfa. Daw rhyw ysfa o hyd am fod ar y llwyfan. 'Ond bugeiliaid newydd sydd ...'

Er fy mod i wedi teithio Cymru benbaladr yn canu, rwy'n dal i gael mwynhad mawr yn ei chrwydro yn y garafan 'Fifth Wheel'. Cwmni o'r Rhuallt ger Llanelwy sy'n cynhyrchu'r cerbydau ac mae'r un sydd gen i yn gorffwys ar gefn pic-yp yn hytrach na bachiad pêl ar gefn car. A dim ond pwyso botwm sydd ei angen i gael yr ochr i ymestyn allan i ehangu'r lolfa.

Mae gwyliau yn y garafán yn ffordd ddelfrydol o ymlacio, ac mae yna arwydd ar y pared y tu mewn sy'n cyhoeddi, 'Lle i enaid gael llonydd'. A dyna ydyw gan amlaf. Rwy'n cofio mynd un tro lan i Glyndebourne pan oedd Gwawr yno. Roedd hi'n dynesu at amser silwair, ond y tywydd heb fod yn ffafriol. Ymhen diwrnod neu ddau fe ddaeth tywydd anarferol o braf gydag argoel da y gwnâi barhau. Fel y gŵyr pob ffermwr, rhaid byw a threfnu gwaith yn ôl y tywydd.

Dyma ffonio adre gydag ordors i gychwyn ar y gwaith o dorri. Bryd hynny roedden ni wrthi'n codi sied newydd ar gyfer cadw peiriannau'r fferm. Yn adeiladu roedd Wil Edwards, Esgair-hir a'i fab Gareth. Roedd hi'n fore tawel, braf ond yn sydyn dyma sŵn tractors yn tanio a dau yn rhuo allan o'r ydlan am y caeau silwair. A dyma Gareth yn gofyn i'w dad,

'Beth ar y ddaear sy'n mynd ymlân yma?'

'O', medde Wil,'wedi meddwl am eiliad, 'Weda'i wrtho ti, wi'n gwbod yn iawn be sy'n digwydd. Ma' nhw wedi cal ordors o hêd-cworters i fwrw at y seilej!'

Ie, lle i enaid gael llonydd! Fe fu Wil yn rhan o stori arall. Yn fuan wedi i ni brynu'r mynydd roedd angen atgyweirio rhyw ychydig ar y sied fyny yno. A dyna ni lan yn gynnar un min nos braf ym mis Medi i ni gael rhoi cychwyn ar yr hyn oedd angen ei wneud. Yno roedd tyrfa o bobol, parti marchogaeth o Gae Iago, Ffarmers oedd wedi cyrraedd ac yn bwriadu aros yno dros nos yn yr hostel. Roedd yna barti a barbeciw a llond lle o hwyl. Yn naturiol, fe gawsom wahoddiad i ymuno â nhw. Yn wir, fe aeth yn hwyr y nos ac fe wnaethon ni benderfynu aros yno. Trannoeth, rhaid fu codi'n fore i ddechre ar y gwaith a ddylai fod wedi ei gychwyn y noson cynt. Ar ôl coffi du, allan â ni yn sŵn ambell lwynog yn cyfarth yn y pellter. Roedd Wil mewn hwyliau da.

'Cana, Dafydd,' medde fe.

A dyma fi'n gwneud, gan floeddio 'The hills are alive with the sound of music.' Ar hynny fe agorodd ffenestri'r llofft a'r criw'n pwyso allan gan ymuno yn y gân. Mae'r rhai oedd yno'r noson honno'n dal i gofio'r achlysur. Roedd Wil, gyda llaw, yn fab i Lyfrgellydd Ceredigion, Alun R. Edwards, gŵr o weledigaeth. Mab arall, Dafydd yw ein Cynghorwr lleol yma. Mae yna ddau Ddafydd Edwards yma felly ym Methania, a'r ddau'n perthyn i deulu Brynele. Yn anffodus fe gollwyd Wil o ganol ei waith yn llawer rhy ifanc. Coffa da amdano.

Gwyliau cofiadwy eraill yn y garafán fu'r daith honnon i Ddyffryn Ceiriog. Ro'n i wedi bod yn canu yn yr ardal droeon ac awydd arna'i ymweld unwaith eto â bro Ceiriog, un o'm hoff feirdd. Wedi paned o goffi yn un o'r ddau westy ar y sgwâr yn Llanarmon, allan ag Anne a fi i'r pentref am dro. Ar ben ysgol yn gweithio ar ei gartref gerllaw roedd dyn lleol. Fe wnes ei gyfarch ac fe ddisgynnodd i gael gair â ni. Roedd e'n fy adnabod o'r cyngherddau gynt a chawsom sgwrs ddiddorol ac addysgiadol. Fe gyfeiriodd at Ben-y-bryn, lle ganwyd Ceiriog ac esboniodd mai'r mynydd o'n blaen oedd y Glog, y cyfeiriwyd ati yn 'Yr Arad Goch.' Esboniodd hefyd lle'r oedd y nant a ddisgrifiwyd yn 'Nant y Mynydd.' Roedd hi y tu ôl i Ben-y-bryn 'yn ymdroelli tua'r pant ... Rhwng y brwyn yn sisial ganu'. Diwrnod braf oedd hwnnw i weld y llecynnau oedd mor bwysig i Geiriog gynt. Ac i fi, gan mai Ceiriog oedd y gŵr a ysbrydolodd y cyfan pan o'n i'n grwt ifanc yn Ysgol Aberaeron yn nrama 'Alun Mabon' a 'Bugail Aberdyfi'.

Wrth edrych yn ôl a chofnodi'r sylwadau hyn ar fy mywyd yn ôl fy mhrofiad, ac wrth gynnig fy marn bersonol, ddi-flewyn ar dafod yn aml, rwy'n gobeithio na wnes i ddigio neb wrth gyfleu pethe fel y gwela i nhw. Ac wrth gau pen y mwdwl ar hyn o atgofion mae gen i lawer i fod y ddiolchgar amdano. Diolch am i fi gael fy ngeni'n Gymro a chael byw a gweithio mewn gwlad ac mewn bro mor hardd. Diolch am gael y fraint a'r iechyd i gael edrych ar ôl ar y darn hwn o dir gan geisio cadw 'i'r oesoedd a ddêl y glendid a fu'. Diolch fy mod i 'yma o hyd' i ddweud y stori ac am gael fy mreintio â'r ddawn i ganu. A chael, yn sgil hynny, deithio'r byd a chael dod i adnabod cymeriadau a gwneud ffrindiau oes.

Fy ngobaith i'r dyfodol yw y bydd geiriau godidog Dic Jones yn ei awdl i'r 'Cynhaeaf' yr un mor berthnasol i'r wyrion ag oedden nhw hanner canrif yn ôl pan y'u cyfansoddwyd.

Tra bo dynoliaeth fe fydd amaethu,
A chyw hen linach yn eu holynu,
A thra bo gaeaf bydd cynaeafu
A byw greadur tra bo gwerydu.
Bydd ffrwythlonder tra pery – haul a gwlith
Yn wyn o wenith rhag ein newynu.

Ydw, rwy'n dal i gredu.